MOEWIG
HUMOR

Ján L. Kalina

Nichts zu lachen

Die tollsten Ostblockwitze

MOEWIG

MOEWIG Band Nr. 4842
Moewig Taschenbuchverlag Rastatt

Umschlagillustration: Heinz Bogner
Umschlagentwurf und -gestaltung: Franz Wöllzenmüller, München
Verkaufspreis inkl. gesetzl. Mehrwertsteuer
Auslieferung in Österreich:
Pressegroßvertrieb Salzburg, Niederalm 300, A-5081 Anif
Printed in Germany 1986
Druck und Bindung: Elsnerdruck, Berlin
ISBN 3-8118-4842-9

„Gilt die Wahrheit des Humors einmal, so gilt sie immer", schrieb der tschechische Komiker Miroslav Horníček. Ist Humor wirklich Humor, so kann er nicht unwahr sein. Sind die Geschäfte mit Äpfeln überfüllt, so können wir selbst den besten Witz über Obstmangel nicht an den Mann bringen. Ändert sich dann die Situation und sind keine Früchte mehr aufzutreiben, so genügt es, sie in irgendeinem Zusammenhang zu erwähnen, und schon leiten die Leute selbst daraus einen Witz her. Auch die folgenden Witze wären nicht entstanden und hätten sich nicht in Windeseile verbreiten können, wenn sie nicht die Wirklichkeit zum Gegenstand hätten.

„Haben Sie es schon gehört? Ab Mai wird der Lebensstandard in der ČSSR um 50 % gehoben!"
„Tatsächlich?"
„Bis jetzt hatten wir Kälte und Versorgungsschwierigkeiten. Vom Mai an nur noch letzteres."

Vor einem Brünner Kaufhaus steht eine unendliche Menschenschlange. Ein Passant fragt:
„Was bekommt man hier?"
„Wenn Sie sich vor uns hinstellen, eine Ohrfeige, und am Ende der Schlange eine Grippe."

Als man im Winter 1979 in der Tschechoslowakei wegen der obligaten Schnee-Kalamität die Schulen schließen, das Licht ausschalten, die Fernsehsendungen kürzen und den Arbeitsbeginn um eine bis zwei Stunden vorverlegen mußte, fragten sich die Leute:
„Wo hört der Sozialismus auf?"
„Bei minus fünf Grad."

„Wissen Sie das Neueste?" flüstert Herr Vopička vertraulich zu Herrn Dobrohlav.
„Nein."
„Im Herbst wird todsicher eine neue, schwere Krise ausbrechen."
„Weshalb ausgerechnet im Herbst?"
„Weil die Blätter fallen werden."

„Welche sind die fünf Hauptthindernisse auf dem tschechoslowakischen Weg zum Kommunismus?"
„Die westlichen Imperialisten, der Frühling, der Sommer, der Herbst und der Winter."

In der Prager Bierbrauerei „Zum Fleck" stellen zwei Gäste Betrachtungen über die ökonomische Lage an:
„Ich bin schrecklich neugierig, was wir hier hätten, wenn der Comecon nicht existierte."
„Alles."

Einige Rentner kommen zum ärztlichen Kontrollbesuch.
Der Doktor fragt den ersten:
„Wie hoch ist Ihre Rente?"
„Tausendzweihundert Kronen monatlich."
„Orangen und Bananen, das ist am gesündesten, Onkelchen. Und Sie, Tantchen?" fragt er die zweite.
„Genau achthundert."
„Äpfel, Äpfel, die sind voll von Vitaminen." Er wendet sich an den dritten.
„Wieviel Rente haben Sie?"
„Vierhundert Kronen, bitte schön . . ."
„Frische Luft, frische Luft, es geht nichts über Sauerstoff."

„Weshalb hat der Löwe im tschechoslowakischen Staatswappen zwei Schwänze?" fragt ein ausländischer Tourist einen Prager.
„Ursprünglich waren es zwei Löwen", erklärt er ihm, „aber einer ist dem andern in den Arsch gekrochen, und es blieb nur der Schwanz draußen hängen."

„Wie geht es dir, Luischen?" fragt der Buchhalter am Morgen vertraulich die Sekretärin im Büro.
„Erlauben Sie mal, Genosse Lastovička, seit wann duzen wir uns?"
„Haben wir vielleicht gestern nicht miteinander geschlafen?"
„Ich mit Ihnen? Wann?"
„Na gestern, bei der Gewerkschaftssitzung!"

Einem sowjetischen, einem amerikanischen und einem tschechoslowakischen Kosmonauten gelang es fast gleichzeitig, auf dem Mond zu landen. Kossygin lud seinen Kosmonauten zu einer Audienz und fragte ihn, was er wolle – eine Auszeichnung oder Rubel?
„Die Auszeichnung", sagte er natürlich mit Heldenbewußtsein.
Der amerikanische Kosmonaut wurde von Carter persönlich begrüßt. Er stellte ihm dieselbe Frage:
„Well, was hättest du lieber, Auszeichnung oder Money?"
„Money", antwortete der praktische Amerikaner unzweideutig.
Als der tschechoslowakische Kosmonaut in die Heimat zurückkehrte, wurde er aufs Personalbüro vorgeladen.
„Genosse, deine Reise zum Mond hat eine ganze Woche gedauert. Willst du die Tage nacharbeiten, oder sollen wir sie dir vom Lohn abziehen?"

In einen Prager Tabakladen tritt ein älterer Herr.
„Kann ich bitte telefonieren?"
„Fünfzig Heller."
Der Herr telefoniert.
„Volkseigener Betrieb Eximport? Bitte schön, ich wollte fragen, ob Sie nicht zufällig einen Lohnbuchhalter brauchen. Wie bitte? Sie haben eine zuverlässige, alte Kraft? Danke."
„Sind Sie aber naiv", sagt die Verkäuferin. „Telefonisch finden Sie doch nie eine Stelle."
„Das will ich auch nicht. Ich bin nämlich Lohnbuchhalter von Eximport, aber ich bin schon die zweite Woche im Urlaub. Ich war nur neugierig, ob mich nicht irgendein Wohltäter in der Zwischenzeit um die Stelle gebracht hat."

Die Tschechoslowakei kämpft mit drei Grundproblemen:
Wirtschaft, Wohnungsknappheit und Religion. Zu deren Lösung wurde eine Konferenz auf höchster Ebene einberufen. Zuletzt luden die Vorsitzenden der KPTsch einen wundertätigen Rabbi vor. Der gab ihnen folgenden Rat:
„Schließt die Grenzen nach Osten, so löst Ihr das Wirtschaftsproblem. Öffnet die Grenzen nach Westen, so löst Ihr das Wohnungs-

problem. Und wechselt Ihr Husak gegen den Prager Erzbischof aus, so ist auch das Religionsproblem gelöst, da alle aus der Kirche austreten werden."

An einem Morgen treffen sich zwei Arbeiter an der Drehbank.
„Stell dir vor, man bietet mir die Stelle eines Direktors im Volkseigenen Betrieb Schrotomat an. Soll ich das annehmen?"
„Ich glaube schon. So ist neuneinhalb Jahre für dein Brot gesorgt."
„Weshalb ausgerechnet neuneinhalb?"
„Ein Jahr lang wirst du Direktor sein, zwei Jahre verbringst du in Untersuchungshaft, und dann bekommst du sechseinhalb Jahre."

Man fragt einen slowakischen Bauern:
„Würden Sie dem Staat eine Kuh geben?"
„Gewiß."
„Und ein Pferd?"
„Auch das."
„Und die Hühner?"
„Nein, die nicht."
„Weshalb?"
„Weil ich die habe."

In einem tschechoslowakischen Interhotel trat ein neuer Direktor seinen Dienst an. Langsam schreitet er die Treppe hinunter und sieht, wie einer der Angestellten mit saurer Miene den Boden scheuert. Er klopft ihm auf die Schultern:
„Kopf hoch, Genosse, auch ich habe als Hausbursche angefangen, und schau, wohin ich es gebracht habe! In unserem sozialistischen System ist alles möglich!"
„Ich weiß", brummt der Mann mit einem nassen Lappen in der Hand, „ich bin der frühere Direktor des Hauses . . ."

„Wie läuft das Geschäft, Frau Votruba?" fragte ein Kunde die Dame, welche sich um die Toilette auf dem Wenzelsplatz kümmert.
„Wahrlich sehr schlecht", beklagte sie sich. „Fünfzig Prozent der Leute scheißen heute in die Hosen und die anderen fünfzig auf die Partei."

Ein Beamter kommt in einem schrecklich zerknitterten Anzug zur Arbeit.
„Warum hast du ihn nicht gebügelt?“ fragen seine Kollegen.
„Ich stellte das Radio ein, man redete vom dreißigsten Jahrestag des Februar, ich stellte den Fernseher ein – man erinnerte an das dreißigjährige Jubiläum des Siegreichen Februar. Da bekam ich Angst, das Bügeleisen einzustellen . . .“

Ein Kunde betritt ein Lebensmittelgeschäft.
„Ich hätte gerne Orangen für 29.50.“
„Warum nicht für dreißig?“
„Weil ich diese Zahl nicht mehr hören kann.“

Mara arbeitet in einer landwirtschaftlichen Produktionsgenossenschaft. Als vorbildliche Arbeiterin schickt man sie in die Bezirksstadt, um Einkäufe zu tätigen. Sie kommt aber mit einem leeren Korb zurück.
„Was hast du gekauft?“
„Nichts.“
„Was soll das heißen, nichts?“
„Sie hatten ja in allen Geschäftsauslagen nur Hammer und Sichel für dreißig Kronen.“

„Wie viel Feiern wurden zum 60. Jahrestag der Großen Oktoberrevolution veranstaltet?“
„Zweitausendzwei.“
„Wie haben Sie das ausgerechnet?“
„Eine in Moskau, eine in Leningrad und zweitausend in der Tschechoslowakei.“

„Was war das erste, das dir bei deinem Pragbesuch ins Auge fiel?“ fragen Landsleute in Chicago einen Touristen, der gerade aus der Tschechoslowakei zurückgekehrt ist.
„Verputz.“

Ins halbaufgerissene, halbabgerissene altehrwürdige Bratislava kommt ein ausländischer Tourist. Mit großem Interesse schaut er sich die ehemalige Krönungsstadt Maria Theresias an, wo es den heutigen eifrigen Architekten gelungen ist, in 20 Jahren fast den ganzen historischen Kern zu demolieren und so die Stadt mehr zu verwüsten als die Türken und Tataren bei ihren Einfällen während zweihundert Jahren. Nach einer Weile bemerkt er anerkennend: „Wie schön das alles vor dem Erdbeben gewesen sein muß!"

Endlich baut man auch in der ČSSR Autobahnen. Aber der Gesamtzustand der Straßen ist – mit Ausnahme einiger fertiggestellter Teilstücke – katastrophal.
Ein ausländischer Tourist, der mit seinem Wagen in die Tschechoslowakei gereist war, beschwert sich:
„Stellen Sie sich vor, einige Kilometer nach der Grenze kam ich von der Hauptstraße ab, und erst kurz vor Prag fand ich sie wieder!"

Zur Zeit, als der amerikanische Dollar noch den Ruf der stabilsten Währung der Welt hatte, reiste ein Amerikaner in die Tschechoslowakei. Als er an der Grenze Geld wechselte, bekam er sieben Kronen für einen Dollar. Er gelangte nach Bratislava, betrat einen Intershop, wo man ihm 16 Kronen für einen Dollar verrechnet. Schließlich flüstert ihm der Portier des Hotels, wo er abgestiegen war, zu: „Haben Sie keine Dollars zu verkaufen? Ich zahle 38 Kronen."
Der Amerikaner rennt ganz verstört zur Post und schickt ein Telegramm nach Hause:
„Sofort mitteilen, was mit Dollar geschehen."

Weshalb hat die Tschechoslowakei nicht mehr Fremdenverkehr?
Weil es nicht genug Hotels gibt.
Und weshalb gibt es nicht genug Hotels?
Weil sie nicht gebaut wurden.
Und weshalb wurden sie denn nicht gebaut?
Weil es nicht mehr Fremdenverkehr gibt.

Im Interesse einer erhöhten Attraktivität der Hauptstadt beschloß der Prager Stadtrat, auf dem Altstädterring, direkt vor der astro-

nomischen Turmuhr am Rathaus, wo sich jede Stunde die Heiligen im Fensterchen verneigen, nach einigen „Interhotels" und „Intershops" für Devisen-Ausländer, die mit harten Valuten bezahlen, auch eine „Intertoilette" zu errichten. Als der erste westliche Tourist die unterirdische Marmorvorhalle, geschmückt mit Wasserspielen mit Karlsbader Quellwasser und Leuchtern aus böhmischem Moser-Glas, betritt, heißt ihn ein Angestellter im weißen Mantel dreisprachig willkommen:
„Wünschen Sie eine Kabine mit hellgrünen, rosaroten oder hellblauen Kacheln?"
„Das ist egal", drängt der Devisen-Ausländer, „geben Sie mir nur irgendeine."
„Bitte sehr die Schlüssel von Nr. 16, die mit rosa Kacheln ausgelegt ist. Wünschen Sie rosarotes oder himmelblaues Toilettenpapier?"
„Ich sag' Ihnen doch, es ist mir alles egal, nur schnell, bitte!"
„Sie drängen vergeblich, mein Herr. Dies hier ist nur die Verwaltung. Geschissen wird im Stadtviertel Žižkov."

Isaak Blau betritt die Emigrationsabteilung des Paßbüros in Bratislava.
„Wieviel kosten ein Paß und die Ausreisebewilligung nach Israel?"
„Pro Person achttausend Kronen."
„Weshalb so viel?"
„Weil wir den Sozialismus aufbauen und dazu Geld brauchen, Herr Blau."
„Wissen Sie was, ich werde noch meine Frau fragen."
Als er am folgenden Tag wieder auftauchte, war der Beamte schon neugierig auf die Antwort der Frau.
„Meine Rebekka hat gesagt: Wenn sie kein Geld haben, sollen sie den Sozialismus eben bleiben lassen."

Zur Zeit, als die Reisen in den Westen schon sehr eingeschränkt waren, entschloß sich Poláček, mit einem falschen Paß die Republik zu verlassen. Darin hatte er einen neuen, ungewohnten Namen: Čuhadinger. Während der ganzen Fahrt prägte er ihn sich hartnäckig ein. Als er zur Grenze kam, fragte ihn der Zollbeamte:
„Ihr Name bitte?"

Poláček war aber so aufgeregt, daß er den Namen im gefälschten Paß vergessen hatte. Verwirrt stotterte er:
„Eins ist sicher: bestimmt nicht Poláček . . ."

Lojza Nowak gelang es, sich im Kofferraum eines Personenwagens aus der Tschechoslowakei in den Westen zu schmuggeln. Aber auch dort konnte er sich einem Verhör nicht entziehen. Man öffnete seine Tasche und fand darin eine Schatulle.
„Was ist das?" fragte das Sicherheitsorgan.
„Gegen Kopfweh."
Dann kam noch eine Schachtel zum Vorschein, ebenfalls mit Pulvern gefüllt.
„Und das hier?"
„Gegen Zahnweh."
Kaum hatten sie festgestellt, daß es sich tatsächlich nicht um Drogen handelte, zogen sie das Portrait des Präsidenten Husák aus der Tasche.
„Was soll das bedeuten?" wunderte sich der Beamte. „Sie flüchten illegal und nehmen ein Foto des Präsidenten mit sich?"
„Ja. Gegen Heimweh."

Auf der Flugstrecke Bratislava–Prag stürzt ein Mann mit einem Maschinengewehr ins Cockpit.
„Und jetzt aber sofort nach Prag!"
„Sind Sie verrückt geworden? Wir fliegen ja nach Prag!"
„Reden Sie keinen Unsinn, ich bin vom staatlichen Sicherheitsdienst, und in den letzten drei Monaten sind wir statt in Prag dreimal in Frankfurt gelandet!"

Ein Hase betritt ein Lebensmittelgeschäft.
„Ich hätte gerne Kakao."
„Haben wir nicht."
Am nächsten Tag kehrt er zurück. Und fragt wieder nach Kakao. Dieselbe Antwort:
„Haben wir nicht. Und solltest du dich nochmals hierherwagen, so nageln wir dich an die Mauer!" droht ihm der angeödete Verkäufer.

Der Hase läßt sich aber nicht belehren und kommt zurück. Und der erboste Verkäufer nagelt ihn tatsächlich an die Mauer. Da bemerkt der Hase, daß auf dem Bild neben ihm Gustav Husák abgebildet ist.
Mitleidig fragt er:
„Wolltest du auch Kakao?"

Ein Pilsener Arbeiter gewann in einem Prager Fernsehwettbewerb den zweiten Preis: eine Reise nach Prag und retour mit dem Recht, dem Machtinhaber ins Gesicht zu spucken. Er beklagte sich bei einem Kameraden:
„Glauben Sie mir, ich hätte ihn hundertmal lieber in den Arsch getreten."
„Und warum haben Sie das bei dieser Gelegenheit nicht getan?"
„Das ging leider nicht. Das war der erste Preis."

Der Bahnhofsvorstand von Ostrau erhielt aus Prag eine telegrafische Direktive:
„Sofort alles Nötige unternehmen, nachmittags fährt Zug mit Präsident Husák durch Station Ostrau."
Der Vorstand kratzt sich am Kopf und überlegt:
„Ständig diese unklaren Instruktionen. Jetzt weiß ich wieder nicht, ob ich die Gleise unterminen oder die Flaggen heraushängen soll . . ."

Husák spaziert im Prager Burggarten mit einem riesigen Bernhardiner. Plötzlich ertönt eine tiefe Stimme aus den Wolken:
„Weshalb gehst du immer mit diesem Ochsen spazieren?"
Husák schaut zum Himmel auf:
„Entschuldige, Genosse Gott, aber dies ist doch kein Ochse, sondern ein Hund!"
Die Stimme antwortet:
„Ich red' ja gar nicht mit dir!"

Anläßlich des letzten Besuchs Husáks bei Breschnew ließ der sowjetische Staatsmann seinem Gast einen bis zu den Fersen reichenden Zobelmantel maßschneidern. Als Husák nach Hause zurückkehrte, zeigte sich aber, daß der Mantel nur bis zu den Hüften reichte. Wie war das nur möglich? Die Erklärung war rasch gefunden: Als man an Husák Maß nahm, kniete er.

Ein andermal schenkte der sowjetische Erste Sekretär dem tschechoslowakischen Ersten Sekretär eine Kuh. Husák trieb sie nach Hause, aber im berühmten Dorf Čierna an der Tisa blieb sie stehen, und er mochte sie noch so stoßen und ziehen, sie wollte und wollte nicht über die Grenze. Verzweifelt und voll Demut rief er Breschnew an, was er machen solle.
„Das ist in Ordnung", antwortete Leonid. „Du wirst sie füttern, und wir werden sie melken."

Štrougal sagt zu Husák:
„Es stürzen uns Flugzeuge ab, Züge stoßen zusammen, Autos verunfallen, Helikopter gehen kaputt, weißt du was, Gusti, laß uns per Fahrrad nach Moskau reisen."
„Hast du den Verstand verloren? Per Fahrrad? Dort werden doch Breschnew und Kossygin sein."
„Das macht nichts, wir werden sie gut vor ihnen verstecken."

Es gibt doch einige Fortschritte auf der Welt: Kurz nach dem Krieg erzählte man sich, wie der damalige Kulturminister und fanatische Freund der Sowjetunion, Professor Zdeněk Nejedlý, bei Sonnenschein mit aufgespanntem Regenschirm auf dem Wenzelsplatz spazierte.
„Weshalb haben Sie den Schirm geöffnet, Genosse Minister? Es regnet ja gar nicht."
„Hier nicht, aber in Moskau . . ."

„Erinnerst du dich", sagt ein Arbeiter des Prager Betriebs ČKD Sokolov zu seinem Freund, auch einem alten Kommunisten, im Erstmai-Umzug, als sie zur Tribüne kommen, von welcher aus der erste Mann der Partei und des Staates herzensgut den winkenden Kindern zunickt, „erinnerst du dich? Einst drohte uns für die Teilnahme an der Maifeier die Entlassung. Heute riskieren wir sie, wenn wir ihr fernbleiben . . ."

„Was haben die tschechoslowakischen Politiker im real existierenden Sozialismus mit den Tauben auf dem Altstädterring gemeinsam?"
„Sind sie unten, so fressen sie einem aus der Hand. Sind sie oben, so scheißen sie jedem auf den Kopf."

Auf der Prager Nationalstraße steht ein Mann am Gehsteig und pißt. Ein Polizist tritt hinzu und fordert ihn auf, mit ihm auf die Wache zu kommen wegen öffentlicher Ruhestörung. Der Mann folgt ihm, aber mit offenem Hosenschlitz.
„Was fällt Ihnen ein, Sie Exhibitionist! Stecken Sie ihn sofort zurück!" befiehlt der Bulle.
„Fällt mir gar nicht ein, die Leute könnten sonst noch denken, ich sei ein Politischer!"

Ein slowakischer Bauer kommt nach Prag und hält einen Polizisten an:
„Bitte schön, wie gelange ich zum Masarykplatz?"
„Was redest du da? Weißt du nicht, daß er nicht mehr Masaryk-, sondern Leninplatz heißt?"
„Entschuldigen Sie, und wo ist die Beneschstraße?"
„Haben Sie geschlafen, Mensch? Hier gibt es keine Benesch-, sondern eine Marschall-Konjev-Straße!"
Der Bauer dankt, geht weiter, und als er zum Ufer der Moldau kommt, lehnt er sich ans Geländer und schaut auf den gegenüberliegenden Hradschin. Dann auf die Möwen, die über dem Wasser kreisen. Und schon wieder nähert sich ein Polizist, diesmal ein anderer. Da ihm die Blicke des Bauern aufs Wasser verdächtig erschienen, fragt er ihn:
„Was machst du da, Genosse?"
„Nichts, ich schau' mir nur den Wasserspiegel der Wolga an."

Ein ausländischer Gast kommt auf dem Prager Flughafen an. Er fragt den ersten Taxichauffeur:
„Sind Sie frei?"
„Nein, ich bin Tscheche."

Was ist der Unterschied zwischen einem Münchner und Moskauer Bürger?
Kaum setzt sich ein Münchner hin, erzählt er auch schon Witze.
Kaum erzählt ein Moskauer Witze, sitzt er auch schon.

Radio Eriwan sendete kürzlich den Bericht „Ein Tag in Moskau".
„Es ist sieben Uhr früh. Auf den Straßen drängen sich die Massen, schlechtgekleidete, verschlafene Menschen hasten zur Arbeit. Andere stellen sich gehorsam oder murrend in eine Schlange vor einem Lebensmittelgeschäft, einer Metzgerei, einer Verkaufsstelle von Schuhen, Wäsche, Strümpfen, vor einem Buchladen. Das sind die glücklichen Erbauer unserer Heimat, das ist die Arbeiterklasse. Es ist jetzt zehn Uhr. Durch die Straßen der Hauptstadt strömen riesige Luxuslimousinen mit gezogenen Vorhängen. Sie befördern gutgenährte, elegant gekleidete Menschen. Das sind die Vertreter der Arbeiterklasse."

Ein sowjetisches Großväterchen hat im Fluß ein goldenes Fischlein gefangen.
„Du kannst drei Wünsche äußern", sagte das Fischlein.
Der Alte war aber bescheiden und hatte nur einen einzigen Wunsch: endlich einen Platz in einem anständigen Altersheim zu bekommen.
Als er am Morgen erwachte, sah er vom Fenster aus den leuchtenden Stern des Kremlturms.
„Wo bin ich denn da?" fragte er verwundert.
„Im Politbüro natürlich."

Ein amerikanischer Tourist fragt in Moskau einen deutschen Touristen:
„Weshalb steht auf dem Roten Platz eine so große Menschenschlange?"
„Man verkauft Mäuseöl."
„Das ist doch Unsinn."
„Wieso Unsinn? Ich hab' mit eigenen Augen gesehen", meint der Deutsche, „daß das Geschäft mit MAUS OLEUM angeschrieben ist."

Vor dem Mausoleum auf dem Roten Platz steht täglich eine unendliche Schlange geduldig Wartender, die sich nur langsam vorwärtsbewegt. Als zwei amerikanische Touristen nach Hause zurückkehren, erzählen sie ihren Freunden:
„Wir haben uns etwas ausgedacht, wie man den einbalsamierten Lenin ohne langes Schlangestehen besichtigen kann."
„Seid Ihr durch den Hintereingang eingetreten?"
„Nein, wir gaben jedem der Wächter zwanzig Dollar, und sie brachten ihn ins Hotel."

„Haben Sie schon gehört, daß unsere höchsten Funktionäre jeden Morgen ein Glas Wodka trinken müssen?"
„Wieso?"
„Damit sie überhaupt etwas im Kopf haben."

Nach längerer Zeit kehrte ein Sowjetbürger aus dem Westen zurück. Seine Freunde fragten ihn, wie es ihm dort ergangen sei.
„Ich hab' ein schönes Stück Welt gesehen, Genossen, so daß ich jetzt Vergleiche anstellen kann. – In England zum Beispiel ist alles erlaubt, was nicht ausdrücklich verboten ist. In der Tschechoslowakei ist dagegen alles verboten, was nicht ausdrücklich erlaubt ist, während die Österreicher alles erlauben, was amtlich verboten ist, das ist typisch österreichische Schlamperei."
„Und wie siehst du die Dinge bei uns?" ertönt eine neugierige Stimme.
„Bei uns ist alles verboten, was ausdrücklich erlaubt ist."

In Kiew erhielt ein älterer Bürger nach langer Zeit wieder Post von einem Verwandten aus Kanada.
„Ich hab' gehört", schreibt ihm sein Vetter, „daß man bei Euch auf der Post jeden Brief öffnet und den Inhalt kontrolliert. Um das zu überprüfen, stecke ich einen lebendigen Floh in den Brief. Wenn Du ihn nicht findest, so werden wir wissen, daß dies wirklich wahr ist."
Nur er legte keinen Floh in den Umschlag.
Drei Monate später erhielt er die Antwort aus Kiew:
„Alles in bester Ordnung, wir haben den Floh gefunden!"

Im Jahr, das für die sowjetische Außenpolitik voller Debakel war, studiert Breschnew die Biographien berühmter Staatsmänner und Heerführer. Dabei sieht er die Portraits von Nelson, Kutuzow, Žižka und Daja, worauf er den Befehl erteilt:
„Schicken Sie mir unverzüglich Verteidigungsminister Ustinow her, und bringen Sie mir eine Nadel!"

Welcher Unterschied besteht zwischen der amerikanischen und der neuen sowjetischen Verfassung?
Die sowjetische garantiert die Meinungsfreiheit. Die amerikanische auch noch die Freiheit der Meinungsäußerung.

In der Sowjetunion erreichte man während dieses Fünfjahresplans drei Stufen von Luxus:
Erste Stufe: ein eigenes Auto.
Zweite Stufe: ein eigenes Landhäuschen.
Dritte Stufe: eine eigene Meinung.

Im Moskau dieser Tage:
„Herr Doktor, ich fühl' mich so schlecht."
„Wer fühlt sich denn heute noch gut?"

In einem überfüllten Leningrader Autobus fragt ein Reisender seinen Nachbarn:
„Haben Sie Verwandte bei der Polizei?"
„Nein!"
„Arbeiten Sie in der Regierung?"
„Nein!"
„Sind Sie Armeeangehöriger?"
„Auch nicht!"
„In diesem Fall stehen Sie mir bitte nicht auf den Füßen rum!"

Was würde passieren, wenn die Amerikaner eine Atombombe über Sibirien abwerfen würden?
Die sowjetische Intelligenz würde das Dach über dem Kopf verlieren.

In den Moskauer Hotels wurden neue Schilder angebracht: Wir bitten unsere Gäste, die Blumen nicht zu begießen. Unsere Mikrofone beginnen zu rosten!

In Leningrad wurde ein dreißigstöckiger Neubau eines Luxushotels für ausländische Besucher fertiggestellt. In jedem Zimmer wurde ein Fernsehgerät installiert. Nur war es etwas anders als die gängigen: Es schaut uns an.

Eines Tages sagte Gott zu Jesus:
„Mein Sohn, es sind jetzt schon fast zweitausend Jahre her, daß du dich für die Menschheit geopfert hast. Die Zeit ist gekommen, daß du auf die Erde zurückkehrst, um zu sehen, was sich dort getan hat.“
Christus steigt also vom Himmel herab und geht zunächst nach Washington. Dort sieht er, wie Carter, den Kopf in die Hände gestützt, untröstlich weint und weint...
„Warum weinst du? Sag mir, was dir weh tut!“
Schluchzend erzählt ihm Carter von allen Problemen, die sich seit dem Beginn seiner Präsidentschaft auf ihn gestürzt haben. Jesus hört ihm aufmerksam zu und beginnt ihn dann zu trösten. Und da Carter ein tiefgläubiger Mensch ist, beruhigt er sich schließlich und lächelt selig.
Den zweiten Halt macht Jesus in Moskau. Auch dort findet er den ersten Mann des Staates, Breschnew, verzweifelt in Tränen aufgelöst.
„Was ist denn dir geschehen? Vertraue mir deinen Schmerz an.“
Und Breschnew schildert ihm unter Tränen die Situation in seinem Land. Jesus hört ihm aufmerksam zu, verbirgt sein Gesicht in den Händen und weint und weint und weint...

Kurz nachdem man Chruschtschow seiner Funktion als Erster Sekretär der Kommunistischen Partei enthoben hatte, bat seine Frau Nina ihn, in die Stadt einkaufen zu gehen. Weshalb sollte er ihr nicht entgegenkommen, nachdem er jetzt so viel Zeit hatte? Er kehrte aber erst spät abends wieder nach Hause zurück, abgeplagt, schmutzig und verschwitzt vom langen Schlangestehen. Brummend bemerkt er:

„Kaum bin ich nicht mehr im Amt, beginnen auch schon Schwierigkeiten."

Auf dem Roten Platz schreitet ein Mann in einem Stiefel einher. Breschnew begegnet ihm:
„Haben Sie einen Schuh verloren, Genosse?" fragt er ihn mitleidig.
„Im Gegenteil, Genosse Breschnew", sagt der Mann strahlend, „gefunden!"

Wie wir wissen, gilt im Kommunismus der Grundsatz: Jedem nach seinem Bedürfnis. Wie sieht das in der sowjetischen Praxis aus?
Ein Kunde betritt das Moskauer Kaufhaus GUM.
„Ich brauche ein Paar Hosen", sagt er zum Verkäufer.
Dieser mustert ihn und sagt dann streng:
„Nein, das brauchen Sie nicht."

In der Sowjetunion wurde die Bettenproduktion als überflüssiger Luxus eingestellt, da sie ohnehin von niemandem gebraucht werden, was man folgendermaßen feststellte:
Die Künstler schlafen auf ihren Lorbeeren.
Die Parteifunktionäre liegen auf Rosen gebettet.
Die Reaktion schläft nicht.
Das Volk wacht.
Die Soldaten und die Polizei stehen Wache.
Und der Rest sitzt.

Moskauer Pessimisten meinen:
In zehn Jahren wird ein Auto bei uns mindestens fünftausend Rubel kosten.
Und die Optimisten:
In zehn Jahren wird ein Auto bei uns mindestens fünftausend Dollar kosten.

Breschnew besuchte eine Kolchose nach der andern, bis er in einer feststellen mußte, daß die Hühner dort mit Körnern gefüttert werden. Er schimpfte die Verantwortlichen schrecklich aus:

„Die Körner, Genossen, brauchen wir für die nächste Saat. Sollte sich das wiederholen, so werde ich meine Konsequenzen daraus ziehen."
Einige Monate später war Breschnew umständehalber wieder in derselben Kolchose. Er sah, daß man die Hühner jetzt mit Brot fütterte.
„Was ist das für eine Art?! Das Brot brauchen wir für unsere Arbeiter und nicht für die Tiere. Wenn ich euch nochmals bei so verantwortungslosem Handeln erwische, so geht ihr nach Sibirien!"
Bei der nächsten Gelegenheit ging er nun schon absichtlich in dieselbe Kolchose, um zu kontrollieren, wie man seinen Weisungen nachgekommen sei. Und endlich war er zufrieden. Er sah keine leichtsinnige Verschleuderung weder von Grundnahrungsmitteln noch von Getreide noch von Brot, und die Hühner waren trotzdem gut genährt.
„Na seht, Genossen, daß es geht. Wie macht ihr das jetzt?"
„Wir schütten ihnen Kopeken aus, und sie können sich damit kaufen, was sie wollen."

Die Flucht der Arbeitskräfte von den Dörfern in die Städte hat ein katastrophales Ausmaß erreicht.
Vor der Oktoberrevolution schrien die russischen Bauern:
„Wir wollen Land!"
Jetzt ruft das russische Land: „Wir wollen Bauern!"

Der sowjetische Landwirtschaftsminister kam in die zuständige Abteilung des Zentralkomitees, wo das Problem des Arbeitskräfterückgangs in den Kolchosen gelöst werden sollte.
„Ich wüßte einen Weg, wie man die Arbeit von tausend Männern ersetzen könnte."
„Schnell, raus damit!" riefen die Genossen begeistert.
„Tausend Frauen einsetzen."

Irgendwo im fernen Sibirien schimpfen zwei Kolchosbauern:
„Was für eine Kälte und Armut, und diese Unkultiviertheit...
Angeblich soll es tausend Werst östlich von hier noch eine Stadt

geben, die San Francisco heißt... dort muß es total beschissen sein..."

In die Kolchose „Siegreicher Oktober" kam im Rahmen einer Studienreise eine Delegation amerikanischer Farmer. Ihnen zu Ehren wurde ein großes Mittagessen veranstaltet, die Tische barsten beinahe unter den auserlesensten Speisen: Kiewer Koteletts, Krimkaviar und georgischer Cognac. Den Farmern mundete das ausgezeichnet, und einer von ihnen meinte aufrichtig:
„Also, Freunde, mein Leben lang habe ich nicht so gut gegessen."
„Wir auch nicht!" rief einer der Kolchosbauern.

Die städtische Kultur durchdringt unaufhaltsam die Dörfer. Und die westliche die sowjetische Stadtkultur. So gelangte auch eine Erfindung der westlichen Zivilisation in die Sowjetkolchose – der Gruppensex.
Im Speicher war es dunkel, die Partner wurden gewechselt. Da ertönte plötzlich eine verzweifelte Männerstimme:
„Genossen! Man muß diese Dinge organisieren!"
„Was? Weshalb?" ertönen chaotische Stimmen in der Dunkelheit.
„Weil man mich schon zweimal gebumst hat, und ich war immer noch nicht dran!"

Bis vor kurzem lautete eine Liebeserklärung folgendermaßen:
„Oh, Tanjuschka..."
„Oj, Wanjuschka..."
„Weißt du, Tanjuschka..."
„Was, Wanjuschka?"
„Ich... ich... muß dir endlich etwas sagen..."
„Oj, Wanja, heraus damit!"
„Weißt du, Tanja, ich möchte dich schrecklich gern..."
„Na also..."
„Ich möchte dich schrecklich gern bitten, den Mitgliederbeitrag für den Komsomol zu entrichten!"

Kein Wunder, daß ein kultivierter junger Moskauer seinem temperamentvollen georgischen Freund, der stets direkt aufs Ganze

ging, erklären mußte, daß jede Liebessituation eine etappenweise Vorbereitung braucht. Nur dann sei es wirklich schön.
„Verstehst du?“
„Nein.“
„Also schau. Zunächst unterhältst du dich mit ihr übers Wetter, dann über Literatur und erst dann erkläre ihr deine Liebe.“
„Ich verstehe.“
Beim nächsten Rendezvous mit einem Mädchen geht der Georgier nach diesem Rezept vor.
„Siehst du die Sterne?“
„Ja.“
„Hast du Puschkin gelesen?“
„Ja.“
„So leg dich endlich hin.“

Ein verdienter Genosse erhielt vom höchsten Sowjet einen Ausweis, der es ihm ermöglicht, Fahrkarten für die Eisenbahn zu kaufen, ohne Schlange stehen zu müssen. Er geht zum Kassier und zeigt die Legitimation.
„Sie müssen bei dieser langen Reihe hinten anstehen.“
„Wieso?“ erbost sich der verdiente Genosse. „Diese Legitimation hat der höchste Sowjet herausgegeben, und sie berechtigt mich, Fahrkarten ohne Schlangestehen zu kaufen!“
„Ich weiß“, antwortet der Kassier, „das ist die Reihe der Genossen, die Fahrkarten kaufen können, ohne Schlange stehen zu müssen.“

In einer Fabrik zur Löcherung von Makkaroni fand eine Sitzung statt, an der ein Redner schon anderthalb Stunden eine aus dem Leitartikel der am Tag zuvor erschienenen Prawda abgeschriebene Rede verliest. Plötzlich stand eine Frau im Saal auf:
„Entschuldige, Genosse Referent, aber ich hab' Kinder in der Krippe, in zehn Minuten wird sie geschlossen, wenn ich gehen könnte ...“
„Na gut, so geh, Genossin!“ Und schon fährt er in der unendlichen Rede weiter. Nach einer Weile erhebt sich ein junges Mädchen vom Tisch.

„Was ist los, weshalb gehen Sie? Soviel ich weiß, haben Sie noch keine Kinder!"
„Aber wenn ich hier stets bis in die Nacht sitze, so werde ich sie nie haben!"

Im Moskauer Stadtviertel Sokolniki wird ein Bürger aufs Wohnungsamt zitiert. „Da haben Sie die Quittung, daß Sie ein Gesuch für eine Neubauwohnung eingereicht haben. Sie können sich in sieben Jahren wieder melden."
Der Moskauer dankt, kehrt dann beim Weggehen nochmals um: „Entschuldigen Sie, noch eine Frage: vormittags oder nachmittags?"

Breschnews Mutter kam aus der tiefen Provinz angereist, um dem berühmten Sohn in Moskau einen Besuch abzustatten. Der erste Mann des Staates zeigte ihr sein Arbeitszimmer, dann die Repräsentationssäle des Kremls und schließlich das Zimmer, wo er seine Mutter einquartierte. Auf dem Tisch stand eine Schatulle mit verschiedenen Druckknöpfen. Breschnew erklärte seiner Mutti, daß sie mit dem ersten Knopf das Dienstmädchen, mit dem zweiten den Koch, mit dem dritten die Schneiderin, mit dem vierten den Sekretär und mit dem fünften den Chauffeur herbeirufen könne, der sie herumfahre, wo immer sie nur wolle.
Dann ging er zur Arbeit.
Als er am Abend zurückkam, fand er die alte Frau sorgenvoll im Fauteuil sitzend. „Was ist, Mama? Warum bist du so traurig?"
„Weißt du, mein Sohn, ich bin eine alte Frau und erinnere mich an alles. Da ist mir das Jahr 1917 eingefallen. Ich erinnere mich, als ob es gestern wäre . . . Du, Leonid, was willst du machen, wenn plötzlich die Bolschewiken kommen und dir alles wegnehmen?"

Carter besitzt einen roten Draht zur Hölle. Er prahlt auch vor Breschnew damit.
„Was kostet ein Gespräch?" interessiert sich Breschnew.
„Drei Minuten 3500 Dollar."
Als Breschnew nach Hause zurückkehrt, befiehlt er seinen Untergebenen:

„Ich will auch ein solches Telefon!"
Selbstverständlich installiert man es ihm. Und sofort macht er einen Probeanruf. Es meldet sich die Zentrale, die ihn mit Luzifer verbindet. Alles funktioniert wie am Schnürchen.
„Wieviel hat es gekostet?" fragt Breschnew, als er aufgehängt hat.
„2 Kopeken."
„Wie das?"
„Es war ein Stadtgespräch."

Als Breschnew von einer seiner Reisen in den Westen zurückkehrte, streckte er die Hand aus dem Zugfenster.
„Wir sind schon in Österreich", konstatiert er.
Einige Stunden später streckte er sie wieder hinaus, und ohne hinauszuschauen sagte er:
„Und jetzt sind wir in der Tschechoslowakei."
Weitere acht Stunden vergingen. Da bemerkte er:
„Schau mal, das ist Polen."
Als er zum viertenmal die Hand aus dem Fenster streckte, sagte er traurig:
„Na, jetzt sind wir zu Hause."
Kossygin, der ihn begleitete, wunderte sich nicht wenig über diese Hellseherei. Breschnews Feststellungen hatten durchwegs der Wahrheit entsprochen.
„Wie hast du das alles erraten, Leonid?" wunderte sich der Vorsitzende.
„Sehr einfach. In Österreich umwehte mich Kühle. In der Tschechoslowakei küßte mir jemand die Hand, in Polen spuckte man darauf, und in der Sowjetunion hat man mir die Armbanduhr gestohlen."

Seit der Zeit, da Breschnew immer wieder von verschiedenen Krankheiten heimgesucht wurde, begannen im Politbüro Überlegungen betreffend seiner Nachfolge.
Jemand tippte:
„Schiguli."
„Weshalb?"

„Weil das unsere Automarke ist. Als in Amerika Nixon fiel, kam Ford."

Der große Tag der Eröffnung der Moskauer Olympiade 1980 ist gekommen. Breschnew tritt auf die Tribüne und liest seine feierliche Eröffnungsrede:
„O...", großer Applaus. Breschnew fährt weiter.
„Oo...", noch stärkerer Applaus.
„Ooo..." Frenetischer Applaus überschwemmt das Stadion.
Da flüstert Breschnews Sekretär ihm zu:
„Leonid Iljitsch, lesen Sie den Text *darunter*, dies sind nur die olympischen Ringe."

Zur Zeit eines Prozesses gegen die jüdischen Ärzte in Leningrad, die in den 50er Jahren wegen antisowjetischer Tätigkeit angeklagt wurden, gastierte der Leiter der Londoner Philharmonie in Moskau. Er fragte seinen sowjetischen Kollegen, den berühmten Dirigenten Kondraschkin:
„Trifft es zu, daß bei Ihnen Antisemitismus herrscht?"
„Bei uns? Ich bitte Sie! Allein in der Moskauer Philharmonie haben wir 32,5 Prozent Juden..."
Der Londoner Gast überlegt eine Weile.
„Wissen Sie, auch in unserer Philharmonie spielen Juden, aber wieviel Prozent, das wissen wir nicht..."

In Moskau mußte man, schon wegen der Meinung der Weltöffentlichkeit, dringend die vakante Stelle des Ersten Rabbiners neu besetzen. Aber irgendwie wollte das nicht gelingen, stets tauchten neue Kaderschwierigkeiten auf.
Der erste Kandidat hatte zwar das Rabbinerdiplom, war aber nicht Parteimitglied.
Der zweite war Mitglied der KPdSU, aber ohne Rabbinerdiplom.
Der dritte war kadermäßig am schlimmsten dran:
Er war sowohl Parteimitglied als auch diplomierter Rabbiner, nur war er – zu allem Ärger – ein Jude.

Kann in den 70er Jahren ein Jude Mitglied der Kommunistischen Partei der Sowjetunion werden?
Ja, wenn er eine Empfehlung von zwei Arabern vorlegen kann.

Vor einer Moskauer Bäckerei steht eine riesige Schlange. Nach einer Weile erscheint ein Milizsoldat.
„In Anbetracht dessen, daß es wenig Brot gibt, rufe ich die Juden auf, sich zu entfernen, für sie würde es nicht mehr ausreichen."
Die Juden gehen weg, die übrigen bleiben geduldig stehen. Etwas später kommt der Milizsoldat zurück und verkündet:
„In Anbetracht der Brotknappheit fordern wir alle Nicht-Parteimitglieder auf, sich zu entfernen, es gibt nur genügend Brot für die Parteimitglieder."
Nach einer halben Stunde steht er schon wieder da, mit einem neuen Aufruf:
„Wir machen die Wartenden darauf aufmerksam, daß es sehr wenig Brot gibt und daß nur die Vorkriegs-Parteimitglieder es bekommen können. Die andern mögen bitte nach Hause gehen!"
Es vergeht eine weitere Stunde hoffnungslosen Wartens, bis der Milizionär zurückkehrt:
„Soeben haben wir die Mitteilung erhalten, daß die Großbäckerei überhaupt kein Brot geliefert hat, so daß Sie jetzt alle gehen können!"
Einer der Wartenden bemerkt im Weggehen verdrossen:
„Diese Judenschweine haben wieder einmal gewonnen!"

Radio Eriwan wurde folgende Frage gestellt:
Trifft es zu, daß Mao ein Jude war?
Antwort:
Das hätte uns gerade noch gefehlt!

„Wie viele Juden gibt es in der UdSSR?" fragt Breschnew Kossygin.
„Ungefähr dreihunderttausend."
„Und gäben wir ihnen Reisepässe, wie viele würden weggehen?"
„Mindestens drei Millionen."

Im Beichtstuhl kniet ein reumütiger Gläubiger.
„Vater, ich habe gesündigt. Ich habe einen antistaatlichen Witz erzählt."
Der Pfarrer lauscht schweigend.
„Einen Witz über den Genossen Husák ..."
Keine Reaktion.
„Dann über den Genossen Bil'ak ..."
Der Pfarrer ist immer noch still.
„Ehrwürdiger Vater, hört Ihr mich?" fragt der Gläubige.
„Ich höre, mein Sohn. Und warte."
„Worauf, ehrwürdiger Vater?"
„Auf den Witz."

In den Aufenthaltssaal, wo sich während der Verhandlungspausen alle Hüter der Gerechtigkeit treffen, tritt ein lachender Richter ein. Er zieht den Talar aus und hält sich den Bauch vor Lachen.
„Kollegen, ich hab' einen sensationellen Witz gehört, daß ich fast platze!"
„So erzähl ihn uns!" fordern ihn die Richter auf.
„Das geht nicht", stößt er unter Tränen in den Augen hervor, „ich hab' soeben jemandem dafür zwei Jahre aufgebrummt!"

Zwei Freunde treffen sich in Moskau auf dem Majakowskij-Platz. Sie unterhalten sich über alles mögliche, und schließlich erzählt einer dem anderen den neuesten Witz über Breschnew. Als er damit zu Ende ist, meint der zweite:
„Und jetzt muß ich dich verhaften. Für Aufwiegelung mit einem antisowjetischen Witz."
„Leider muß auch ich dich verhaften", antwortet sein Freund, „für das Anhören eines antisowjetischen Witzes."

Wanja trifft seinen Freund Kostja und erzählt ihm den neuesten Breschnewwitz.
Nach ein paar Tagen sehen sie sich wieder.
„Mensch, dein Witz war so phantastisch", sagt Kostja begeistert, „daß ich ihn einem Freund weitererzählte, der bei der Polizei arbeitet."

„Bist du wahnsinnig? Der mußte ja schön wütend werden."
„Ganz im Gegenteil. Er hat ihm so gut gefallen, daß er gleich deine Adresse verlangt hat."

Im trauten Freundeskreis erzählte man sich in einer Moskauer Wohnung politische Witze. Plötzlich bemerkte jemand:
„Wißt ihr, wer den Weißmeer-Kanal gebaut hat?"
„Wer?"
„Witzeerzähler."

Zwei Bekannte plaudern in Odessa miteinander:
„Ich möchte dir etwas erzählen, aber es könnte uns jemand hören und denunzieren."
„Hier ist ja gar niemand."
„Aber du bist hier."

In einer Kneipe diskutierte man bis tief in die Nacht hinein über Politik. Schließlich sagte jemand:
„So, jetzt reicht's mit der Politik, jemand könnte uns ja hören und denunzieren. Reden wir von etwas anderem, zum Beispiel von den Mädchen."
Ein weiteres Mitglied der Gesellschaft durchbricht das Schweigen nach einer Weile.
„Hört, aber die dort oben sind eben doch Huren."

In einer Moskauer Fabrikkantine trinken zwei Arbeiter einen. Der eine ist schon ganz schön beschwipst und sagt laut zum Kameraden:
„Weißt du, was für ein Unterschied zwischen Stalin und Breschnew besteht?"
„Nein."
„Keiner. Weder der eine noch der andere hatte vom Marxismus eine Ahnung."
Da erhebt sich vom Nebentisch langsam ein unbekannter Mann und tritt auf die beiden zu.
„Und wissen Sie, was für ein Unterschied zwischen den zwölf Monaten und Ihnen besteht?"

„Nein“, antworten sie überrascht.
„Die Monate folgen einer dem andern und kehren wieder zurück. Während Sie mir jetzt folgen und nicht mehr zurückkommen.“

Der Winter nahte, und Josip Serafimowitsch schleppte zwei Zentner Holz nach Hause. Nachdem er alles in den Keller abgelegt hat, wählt er eine Telefonnummer.
„Bist du es, Sergej? Das bin ich. Ich hab’s. Du kannst schon anrufen.“
Kurz darauf klingelte das Telefon im K.G.B. Eine aufgeregte Stimme teilte vertraulich mit:
„Eilt schnell zu Josip Serafimowitsch Kopalin, am Puschkin-Prospekt 789. Ich weiß mit Sicherheit, daß er im Brennholz Samizdat-Manuskripte versteckt hat!“
Drei Stunden später ruft Josip Serafimowitsch wieder an.
„Sergej? Ich danke dir, Kamerad, alles in Ordnung. Sie sind tatsächlich gekommen und haben mir das ganze Holz zersägt.“

Ein eiskalter Winternachmittag. In einem überfüllten Charkower Trolleybus brummt ein schmächtiger Fahrgast ununterbrochen vor sich hin:
„Nein. Das läßt sich nicht mehr aushalten. Das kann ich nicht länger ertragen.“
Als er bei der nächsten Haltestelle aussteigt, spürt er auf seiner Schulter die Hand der Gerechtigkeit.
„Kommen Sie mit! Sie haben während der ganzen Fahrt gegen unser sozialistisches Gesellschaftssystem geschimpft!“
„Ich geschimpft? Das muß sich um einen Irrtum handeln“, stammelte der Charkower. „Ich hab’ nur übers Wetter geflucht.“
„Das können Sie dem Weihnachtsmann erzählen!“ schreit ihn der Polyp an. „Die Kälte läßt sich schließlich ertragen!“

Zwei Stecknadeln gehen auf dem Newskij-Prospekt in Leningrad spazieren. Plötzlich flüstert die eine:
„Psst! Ruhe! Aufgepaßt! Hinter uns geht eine Sicherheitsnadel!“

Nachts um zwei, als alles schon tief schläft, klopft es bei Maxim Maximowitsch an der Tür. Beim zweiten Klopfen kriecht er endlich schlaftrunken aus dem Bett.
„Wer ist da?“
„Die Miliz.“
„Was wollen Sie?“
„Mit Ihnen reden.“
„Sind Sie allein?“
„Nein, auch der Genosse Hauptmann ist hier.“
„So, wissen Sie was, reden Sie mit dem.“

Jekaterina Wasiljewna war es vergönnt, den 80. Geburtstag zu erleben und eine kleine Wohnung in der Twerstraße in Moskau zu erhalten.
Einst erwachte die Alte in der Nacht ob eines Geräusches im Vorzimmer. Leise stand sie auf, hielt den Atem an und fragte mit zittriger Stimme:
„Wer ist da?“
„Der Tod ...“, antwortete eine hohle Stimme.
„Gott sei Dank“, atmete die Alte auf, „ich hatte schon gefürchtet, es sei der K.G.B.“

Ein Betrunkener liegt in Prag auf der Straße „Am Graben“ über einem Kanaldeckel, rüttelt am Gitter und schreit verzweifelt, indem er hinunterschaut:
„Wofür, Genossen, wofür?“

Ein UNO-Delegierter eines sozialistischen Landes schaut sich lange einen perfekt konstruierten und abgesicherten Tresor an, in dem die Amerikaner hinter zehn Schlössern ihren Goldschatz verwahren. Dann bemerkt er:
„Na ja, jeder hat das unter Verschluß, was ihm am wertvollsten ist. Die Amerikaner das Geld, und wir den Menschen.“

Aus der Sowjetunion fliehen in letzter Zeit die Hunde über die Grenze, da der Befehl erteilt wurde, alle dreibeinigen Hunde zu erschießen.

„Du bist ja vierbeinig!“ macht ein Schäferhund einen Wolfshund aufmerksam.
„Gewiß, aber sie schießen zuerst und zählen erst nachher.“

Mangels besserer Unterhaltung spielt man jetzt in der Sowjetunion eine neue Art von russischem Roulette:
Abends kommen kleine Gruppen von Leuten zusammen und erzählen politische Witze, ohne daß man weiß, wer von ihnen der Denunziant ist.

„Hast du gehört? Professor Filatow hat eine Methode herausgefunden, wie man das Menschenleben bis zu 150 Jahren verlängern kann!“
„Das wird wieder Urteile geben!“

Der französische Handelsattaché dinierte mit seinem sowjetischen Kollegen im Moskauer Restaurant Savoy. Plötzlich ruft er den Kellner und wirft ihm erregt vor:
„Hören Sie mal, Sie haben mir drei Kalbsmedaillons gebracht. Zwei davon waren gut und weich, aber das dritte konnte man nicht einmal zerschneiden.“
„Das glaube ich wohl“, antwortete der Kellner, ohne mit der Wimper zu zucken. „Das war ja das Mikrofon.“

In Moskau brannte das Bolschoj-Theater ab. Die Feuerwehrleute waren zwar gekommen, aber erst zehn Minuten nach Ausbruch des Feuers, so daß sie wegen Sabotage verhaftet wurden.

In den sowjetischen psychiatrischen Kliniken wurden neue Abteilungen eröffnet: Zur Behandlung von Patienten, die an der fixen Idee leiden, vom K.G.B. verfolgt zu werden.

Auf dem Roten Platz niest während der Parade ein Soldaten.
„Wer hat geniest?“ fragt Stalin.
Keine Antwort.
– Ratatata! – eine Maschinengewehrsalve mäht die erste Soldatenreihe nieder.

„Wer hat geniest?“ fragt Stalin zum zweitenmal.
Wieder keine Antwort.
– Ratatata – eine weitere Salve mäht die zweite Reihe nieder.
„Wer hat geniest?“ fragt Stalin zum drittenmal.
Aus der dritten Reihe ertönt ein schüchterne Stimme:
„Ich!“
„Gesundheit!“ ruft Stalin lustig.

Stalin ruft seinen Innenminister, den allmächtigen Berija, zu sich:
„Heut’ nacht hat mir jemand vom Nachttisch meine goldene Uhr gestohlen. Bis morgen muß der Täter gefunden sein.“
„Ich verstehe, Genosse Stalin.“
Am folgenden Tag ruft ihn Stalin wieder:
„Alles in Ordnung, Genosse Berija, die Uhr wurde gefunden.“
„Ausgeschlossen, Genosse Stalin“, protestierte Berija. „Wir haben bis jetzt 30 Verdächtige festgenommen, und 28 haben schon gestanden!“

Ein Dorfschneider hatte einen Raubmord begangen, und das Revolutionsgericht sollte ihn erhängen. Der Ortskommissar ließ aber den Schmied hinrichten, da es im Dorf zwei Schmiede und nur einen einzigen Schneider gab.

In den 50er Jahren besuchte eine Delegation des Roten Kreuzes Prag, um den Humanitätsgrad unserer Gefängnisse zu studieren. Man führte sie zum Pankrac, dem bekannten Gefängnis für politische Häftlinge, und zeigte die Zellen.
„Wie Sie sehen, haben wir hier Teppiche, Blumen an den Fenstern, Zentralheizung, Ventilation, Radio, Bücher und Zeitungen. Müssen wir jemanden auf Grund eines gerechten Urteils hinrichten, so tun wir das äußerst human, auf dem elektrischen Stuhl, also absolut schmerzfrei.“
Die Kommission führt die Besichtigung fort. Plötzlich ertönt ein schreckliches Geheul aus einer Zelle.
„Was ist das?“ fragt ein Mitglied.
„Ach nichts. Es wird soeben ein Urteil an einem Delinquenten

vollstreckt. Leider hat man mittendrin den elektrischen Strom ausgeschaltet. So wird die Arbeit mit Kerzen beendet."

In einem sibirischen Arbeitslager fragt ein Häftling den anderen:
„Warum bist du hier?"
„Weil ich mich im Jahre 39 negativ über Genosse Popov geäußert habe. Und du?"
„Weil ich mich im Jahre 43 positiv über Popov geäußert habe."
Darauf wenden sich die beiden an den dritten:
„Und du?"
„Ich bin Genosse Popov."

Optimisten meinen:
– Man wird uns alle nach Sibirien abtransportieren.
Und Pessimisten:
– Nein, wir werden zu Fuß gehen.

Zwei Männer unterhalten sich in einem sibirischen Lager.
„Warum bist du hier?"
„Weil ich behauptet habe, daß in der Sowjetunion noch heute Menschen zur Strafe nach Sibirien verbannt werden."

Vor einem einsamen Bauernhof in Sibirien steht ein alter Mann. Es nähert sich ein kleiner, erschöpfter Briefträger, der Alte bestürmt ihn:
„Hast du irgendeine Zeitung?"
„Ja, aber nur die vorgestrige."
„Das macht nichts, ich will nur wissen, wie der Kampf Spasski – Fischer ausgefallen ist?"
Der Briefträger winkt müde ab:
„Ich hab' verloren . . ."

Zwei Sowjetbürger kamen im berühmten Moskauer Gefängnis Lubljanka in eine gemeinsame Zelle.
„Weshalb bist du hier?" fragt der erste.
„Weil ich einen politischen Witz erzählt habe. Und du?"
„Weil ich gelacht habe, als ich ihn mir anhörte."

Das tschechoslowakische Radio meldet:
– Beim Zeitzeichen war es genau acht Uhr.
Zusatzmeldung für Polizisten: Der große Zeiger ist oben, die Acht sieht aus wie ein Schneemann.

In letzter Zeit steht jeden Morgen ein Polizist am Moldauufer. Wissen Sie, warum?
Er wartet auf die Pornowelle.

Zwei Polizisten schreiten durch die Wüste. Der erste meint:
„Da mußte aber ein grimmiger Frost herrschen."
„Weshalb?"
„Daß sie so viel streuen mußten."

– Weshalb bewegt sich der Gehsteig unter einem Polizisten?
– Weil der Klügere nachgibt.

– Weshalb emigrieren die Polizisten nicht in die UdSSR?
– Weil sie doch nicht so dumm sind, wie wir vermuten.

Fünf Polizisten ertranken beim Versuch, ein Auto zu retten, das in die Moldau gestürzt war.
Weitere fünf bei der Rekonstruktion des Vorfalls.

Zwei Polizisten unterhalten sich:
„Ich verstehe nicht, wie zwei Leute ein so riesiges Flugzeug entführen können."
In dem Moment startet eine Boeing vom Flughafen.
Langsam steigt sie zum Himmel auf, und der zweite Polizist zeigt mit dem Finger in die Richtung:
„Was heißt da riesig? Schau, wie klein!"

Ein Polizist wird in Geschichte geprüft.
„Wie hieß der französische Heerführer, der die Schlacht von Austerlitz verlor und stets eine Hand in der Weste hielt?"
Der Prüfling schweigt. Sie öffnen den Eisschrank, nehmen eine Flasche Cognac mit einer berühmten Etikette heraus in der Hoff-

nung, er werde sich erinnern. Der Polizist ergreift die Flasche, trinkt sie leer, aber es fällt ihm nichts ein. Als er die leere Flasche in den Eisschrank zurückstellt, will ihm der Innenminister helfen und flüstert ihm zu:
„Zanussi . . .“

Ein tschechischer Polizist besitzt bei seinem Haus einen Garten. Er gräbt eine Grube. Der Nachbar geht vorbei und fragt:
„Was gräbst du da, Genosse? Willst du etwas setzen?“
Der Bulle antwortet:
„Ach, man will uns fotografieren, und zwar nur den Oberkörper.“
Am folgenden Tag sieht der Nachbar, daß der Bulle eine weitere Grube aushebt. Wieder fragt er, weshalb.
„Sie wollen es im Doppel haben“, erklärt er ihm.
Am dritten Tag gräbt er wieder. Der Nachbar schüttelt nur noch den Kopf, und der Bulle erläutert:
„Damit ich eine Grube habe, wo ich die Erde der andern beiden Gruben vergraben kann.“

Auf einer schlecht beleuchteten Straße Prags steht ein Mann und wiederholt ununterbrochen:
„Siebenundzwanzig, siebenundzwanzig, siebenundzwanzig . . .“
Ein Polizist geht vorbei, beobachtet das verdächtige Individuum und fragt dann, was er eigentlich mache.
„Kommen Sie hierher, Genosse Organ!“ fordert er ihn auf.
Der Polyp schreitet aus und schlägt mit dem Kopf gegen einen hervorstehenden Balken, der im Schatten fast nicht zu sehen ist. Er schreit vor Schmerz. Der Mann ruft schadenfreudig von der Straße her:
„Achtundzwanzig, achtundzwanzig . . .“

Zwei Polizeioffiziere überprüfen den Intelligenzquotienten von Neulingen. Dem ersten gibt der Hauptmann eine Hunderternote, damit er ein Auto kaufe.
Der entgegnet nichts und geht weg.
Den zweiten schickt der Major ins Nachbarzimmer, um festzustellen, ob er nicht dort sei.

Die jungen Polizisten treffen sich im Vorzimmer:
„Dieser Hauptmann ist ein vollkommener Idiot", sagt der erste Neuling. „Stell dir vor, er schickte mich ein Auto kaufen, obwohl heute Sonntag ist."
„Dieser Major ist noch blöder", doppelt der zweite nach. „Er schickte mich ins Nachbarzimmer, damit ich nachsehe, ob er dort sei. Obwohl er selbst hätte telefonieren können."

In den 50er Jahren, als die dogmatische Ära des Personenkults ihren Höhepunkt erreichte, galt das Tragen einer Krawatte und eines sauberen Hemdes als bourgeoises Überbleibsel und die Kenntnis von Fremdsprachen als gefährlicher Kosmopolitismus. Da trafen sich zwei Polizisten, die heimlich Französisch lernten.
„Ich mach' große Fortschritte", rühmte sich der erste, „ich verstehe schon beinahe jedes französische Wort."
„Das glaub' ich dir nicht", wagt der andere zu zweifeln. „Wetten wir fünf Kronen, daß du keine drei Wörter auf französisch kennst."
Sie wetten. Der erste sagt:
„Das erste französische Wort – Billard."
„Gut. Sag ein zweites."
„Cinzano."
„Und ein drittes?"
„Paprika."
„Du hast gewonnen. Hier sind die fünf Kronen."

Die Bratislaver Polizei griff einen angetrunkenen Nationalkünstler auf, den Dichter Vojtech Mihálik, der sich nicht legitimieren konnte.
„Ich gebe zu, daß ich ein bißchen getrunken habe", sagte er auf dem Posten, „aber haben etwa Verlaine, Puschkin, Mickiewicz oder Sinclair nicht getrunken?"
„In eine Einzelzelle mit ihm, bis er nüchtern wird!" befiehlt der Kommandant. „Und geht augenblicklich die andern vier Unruhestifter suchen!"

Endlich konnte man das Bildungsproblem der polnischen Polizei lösen. Nach den bekannten Studentendemonstrationen im Frühling 1968 hob sich das intellektuelle Niveau bedeutend. Sie hatten nämlich zwei Wochen in der Universität zugebracht.

Ein russischer Milizionär brummt einem Motorradfahrer eine Buße auf, weil er falsch eingespurt hat. Er verlangt die Unterschrift des Gebüßten, der aber Analphabet ist und mit drei Kreuzchen unterzeichnet.
„Ach, so ein Dummkopf!“ fährt ihn der Milizionär an. „Nicht meinen Namen, deinen!“

Karl Marx erwachte eines Tages, aufgeschreckt aus friedlichem Schlafe durch schreckliche nukleare und politische Explosionen, stand vom Grab auf und sah sich um. Darauf bemerkte er angeödet:
„Da bin ich aber ganz gründlich gestorben!“
Und schon waren Fernsehreporter mit ihren Kameraleuten zur Stelle, die insistierten, er möge den Völkern der Erde wenigstens einen Satz sagen. Marx ergriff das Mikrofon und sprach:
„Proletarier aller Länder – verzeiht!“

– Waren Marx und Engels Doktoren?
– Ja.
– Weshalb haben sie es denn nicht zuerst an Tieren ausprobiert?

Der Marxismus ist eine großartige Wissenschaft, die uns lehrt, die Zukunft vorauszusehen.
Leider nicht die Vergangenheit.

An der Moskauer Universität stellt der Professor einem Studenten folgende Frage:
„Was können Sie uns über die Rolle des Vogels in der Philosophie sagen?“
„Daß Kant und Hegel den Vogel gefangen und mit dem Kopf nach unten in einen Käfig eingeschlossen haben. Marx und Engels erforschten dies und kehrten den Käfig um.
Dann kamen Lenin und Trotzki und öffneten den Käfig. Der Vogel flog hinaus und zerschlug sich den Schnabel.“

Zur Zeit, als der Klassenursprung das einzige Kriterium für Qualität und Zuverlässigkeit war, erzählte man sich den Witz von einem alten Herrn mit einem großen bourgeoisen Bart, der an die Himmelspforte klopfte. Petrus Petrowitsch musterte ihn gründlich und fragte ihn streng aus:
„Was war dein Vater?"
„Ein Industrieller."
„Und deine Mutter?"
„Eine Kaufmannstochter."
„Und deine Frau?"
„Eine Adlige."
„Und was hast du dein Leben lang getan?"
„Ich bin viel gereist und habe einige Bücher geschrieben."
„Bürgerliche Herkunft", konstatierte Petrus. „Das wird schwierig sein. Aber diktiere mir trotzdem deinen Namen."
„Karl Marx."

– Was ist Klassenkampf?
– Wenn diejenigen mit weniger Klassen gegen die mit mehr Klassen kämpfen.

– Was ist Kommunismus?
– Der leuchtende Horizont der Menschheit.
– Und was ist ein Horizont?
– Eine imaginäre Linie.

Der real existierende Sozialismus hat sich von allen Gesellschaftssystemen das angeeignet, was ihm am besten paßte:
– Von der Urgemeinschaft – die Kultur
– Von der Antike – die Sklaverei
– Vom Feudalismus – die soziale Hierarchie
– Vom Kapitalismus – die Ausbeutung
– Vom Sozialismus – den Namen.

In der Britischen Nationalbibliothek besucht ein Journalist einen alten Archivaren, von dem man weiß, daß er Marx persönlich gekannt hatte. Er spricht ihn darauf an.

„Marx?“ überlegt der runzlige, grauhaarige Beamte. „Karl Marx haben Sie gesagt? Wann hätte das sein sollen? Warten Sie mal – aha! Es pflegte so ein bärtiger Mann herzukommen, vermutlich war es ein Deutscher – ob es wohl dieser Marx war? Ja, vermutlich war er es. Er saß unten zum Arbeiten, im kleinen Lesesaal. Aber eines Tages kam er plötzlich nicht mehr. Glauben Sie mir, ich habe mich oft gefragt: Was mag wohl mit ihm passiert sein?“

Es findet ein Schulungskurs über Gesellschaftssysteme statt. Der Vortragende erklärt anhand von Beispielen:
„Was ist Feudalismus?“
„Keine Kühe im Besitz des Bauern.“
„Kapitalismus?“
„Der Bauer hat zwei Kühe, aber das Steueramt konfisziert eine und versteigert sie.“
„Sozialismus?“
„Du hast zwei Kühe und gibst die bessere in die Genossenschaft.“
„Kommunismus?“
„Du hast zwei Kühe. Der Staat nimmt sie dir weg und gibt dir ein wenig Milch.“
„Faschismus?“
„Du hast zwei Kühe, die der Staat beschlagnahmt. Du darfst dir dafür Magermilch kaufen.“
„Nazismus?“
„Du hast zwei Kühe. Die Regierung nimmt sie dir und erschießt dich.“
„Planwirtschaft?“
„Du hast zwei Kühe, welche die Regierung abführt. Die eine gibt sie zum Schlachten und für die andere ernennt sie zwei Beamte, die sie melken sollen. Dabei lassen sie die Milch sauer werden.“

– Kann ein Kommunist an einer Paralyse erkranken?
– Ja, aber nur an einer progressiven.

– Was ist Kommunismus?
– Der Sieg des Gedankens über den Verstand.

Zwei Studenten der Politischen Hochschule der KPTsch denken im Rahmen eines Seminars über den Begriff der Dialektik nach. Ein dritter, der in seiner Jugend ein Talmud-Seminar besucht hat, gesellt sich dazu. Mit einem erklärenden Beispiel will er veranschaulichen, was Dialektik ist.
„Stellt euch zwei Männer vor, die in einen Kamin fallen. Der eine beschmutzt sich dabei mit Ruß, der andere bleibt sauber. Welcher wäscht sich?"
„Der schmutzige natürlich."
„Falsch. Der schmutzige sieht den sauberen und denkt sich, er sei auch sauber. Dagegen sieht der saubere den schmutzigen und vermutet, ebenfalls schmutzig zu sein. Folglich wäscht er sich. Ich stelle euch eine zweite Frage. Die beiden fallen nochmals in den Kamin. Wer wäscht sich jetzt?"
„Jetzt ist es mir klar, der saubere", sagt der zweite Student.
„Irrtum. Der saubere hatte beim Waschen festgestellt, daß er sauber war. Dafür begriff der schmutzige, weshalb sich der saubere gewaschen hatte, und wusch sich also. Ich stelle euch eine dritte Frage. Die beiden fallen ein drittes Mal in den Kamin. Wer wäscht sich?"
„Von jetzt an immer der schmutzige."
„Schon wieder falsch. Habt ihr schon je gesehen, daß zwei in denselben Kamin fallen und der eine schmutzig wird, während der andere sauber bleibt? Na seht, Genossen: Das ist Dialektik."

– Wer waren die ersten achtzehn Kommunisten auf der Welt?
– Adam und Eva, weil sie nackten Arsches umherliefen und glaubten, im Paradies zu sein,
die drei Könige, weil sie aus dem Osten kamen und einem Stern nachgingen, die Jungfrau Maria, die ihr Kind in die Krippe gab, und die zwölf Apostel, die auf die Arbeit pfiffen und sich auf die Ideologie stürzten.

Die Versorgungslage in der ČSSR verschlimmerte sich zusehends. Der Erste Sekretär und Präsident der Republik, Novotný, rief einen Experten der zuständigen Abteilung des ZK der KPTsch zu einem Rapport zu sich.

„Sag mir jetzt, weshalb wir die Misere haben?“ fragt der 1. Mann im Staat wütend.
„Weißt du, Genosse Präsident, schon Karl Marx sagte, daß ...“
„Gut, gut. Das interessiert mich nicht. Sag mir, weshalb die Lage so ist.“
„Also, wie Wladimir Iljitsch Lenin schrieb ...“
„Ich weiß gut genug, was Genosse Lenin geschrieben hat. Komm zur Sache.“
„Gewiß. Genosse Breschnew hat nämlich in seiner Rede an die Kolchosarbeiter verkündet ...“
„Hör auf mit diesen Zitaten!“ tobte Novotný. „Hast du denn tatsächlich keine eigene Meinung über diese Situation?“
„Natürlich habe ich das“, rief der Experte, „aber“, dann wurde er verlegen, „aber, Ehrenwort, ich bin nicht mit ihr einverstanden!“

An der Moskauer Parteischule wird die schwierige Frage der dialektischen Abweichungen durchgenommen.
Der Vortragende erklärt:
„Wenn man in den Dörfern nichts zu essen hat und es in der Stadt genug Brot gibt, so ist dies eine linke Abweichung.
Wenn es in den Dörfern zu essen gibt und in den Städten nichts, so ist dies eine rechte Abweichung.
Und wenn es weder in den Städten noch in den Dörfern etwas zu essen gibt, so ist dies die richtige Generallinie der Partei in der Agrarpolitik.“

An der Abendschule für Marxismus-Leninismus.
„Wer ist ein Kommunist?“
„Derjenige, welcher das Gesamtwerk von Marx und Lenin gelesen hat.“
„Und wer ein Antikommunist?“
„Wer es verstanden hat.“

Es gibt drei Wege zum Sozialismus:
Den Leninschen – er führt durch einen langen Tunnel, an dessen Ende ein kleines Lichtlein funkelt.
Den Stalinschen – er gleich einer Tram: Die Mehrzahl der Leute

sitzt, die übrigen hängen.
Den tschechoslowakischen – er erinnert an ein Flugzeug: Alle erbrechen, aber niemand kann aussteigen.

– Wann werden wir den höchsten Grad des Kommunismus erreichen?
– Wenn wir von allem genug haben werden.

„Weißt du, wie man einem Kommunisten Erste Hilfe leistet?"
„Nein."
„Gott sei Dank."

Breschnew lud Husák nach Moskau ein. Sorgenvoll vertraute er ihm an:
„Es steht schlecht. Meine Experten haben soeben festgestellt, daß der Kommunismus im Arsch ist. Teile das zu Hause schonend mit."
Husák kehrte nach Prag zurück, berief eine Pressekonferenz ein und informierte die Journalisten über die Situation.
„Es steht schlecht, Genossen. Der Kommunismus ist im Arsch. Bringt das dem Volk schonungsvoll bei."
Am folgenden Tag erschien Rudé Právo mit einem Riesenschlagwort auf der Titelseite:
DER KOMMUNISMUS BEFINDET SICH IN REICHWEITE!

Im Himmel traf Stalin mit Peter dem Großen zusammen.
„Was gibt es Neues auf der Erde?" fragte Peter. „Werden immer noch Kriege geführt?"
„Gewiß"
„Und trinkt man noch Wodka?"
„Gewiß."
„45%-igen?"
„Nein, 50%-igen."
Zar Peter dachte nach und meinte dann:
„Und wegen dieser fünf Prozent soll sich die Große Oktoberrevolution gelohnt haben?"

Nach Jahren treffen sich zwei Sowjetbürger.
„Was machst du?“ fragt der eine.
„Ich arbeite als Vorarbeiter in einer Panzerfabrik und verdiene monatlich dreihundert Rubel. Und du?“
„Ich sitze im Ural auf einem dreihundert Meter hohen Turm und habe die Aufgabe, alles zu beobachten, was in der Welt vor sich geht. Sobald ich sehe, daß die Weltrevolution beginnt, muß ich dies sofort dem Kreml melden.“
„Und was zahlt man dir dafür?“
„Hundert Rubel im Monat.“
„Nur so wenig? Dafür, daß du die Aussichten für die Weltrevolution verfolgst?“
„Ich weiß, das ist wenig, aber dafür lebenslänglich!“

Auf einer sowjetischen Landstraße ereignete sich ein schwerer Autounfall. Nach längerem Warten tauchte ein Milizsoldat auf.
„Haben Sie denn nicht gesehen, daß die Geschwindigkeit auf 60 km beschränkt ist?“
„Ich habe gedacht“, stöhnte der lädierte Lenker, „es handele sich um ein Schild zum sechzigsten Jahrestag der Oktoberrevolution!“

„Willst du mir endlich verraten, weshalb du in die Partei eingetreten bist?“
„Aus drei Gründen.“
„Und die wären?“
„Eine Frau und zwei Kinder.“

Drei Kameraden entschlossen sich, der Kommunistischen Partei beizutreten. Anläßlich des Aufnahmegesprächs wurde allen drei die Frage gestellt:
„Welcher Unterschied besteht zwischen dem Sozialismus und dem Kapitalismus?“
Der erste wußte es nicht, und man gewährte ihm einen Aufschub von drei Monaten.
Der zweite antwortete ungenau und erhielt einen sechsmonatigen Aufschub.
Der dritte wußte es und bekam drei Jahre unbedingt.

In den tschechoslowakischen Schulen, die einst ein hohes pädagogisches Niveau hatten, wird die fachliche Qualifikation und die Bildung der Lehrer mehr und mehr durch das Parteibüchlein und die Arbeiterherkunft ersetzt. Auf einem Fragebogen, den Mittelschullehrer in Olmütz ausfüllen mußten, stand folgende Frage:
– Haben Sie eine abgeschlossene Schulausbildung?
– Wenn nicht, wo unterrichten Sie heute?

Jemand unterteilte die politischen Funktionäre der ČSSR in Kategorien:
In Samariter, die sagen: Ich würd's euch geben!
In Exhibitionisten, die wiederholen: Ich werd's euch zeigen!
Und in solche unbekannter Herkunft, die drohen: Ihr kennt mich noch nicht!

– Was ist ein Quartett?
– Ein Symphonieorchester nach einer Kaderüberprüfung.
– Und ein Telegraphenmast?
– Ein redigierter Weihnachtsbaum.

„Ich bin angeödet, angeekelt, und das Leben macht mir keinen Spaß mehr. Kennen Sie einen sicheren Weg, dem ein Ende zu bereiten?"
„Stürzen Sie sich in den Abgrund, der zwischen der Parteileitung und dem Volk besteht."

Ein tschechoslowakischer Olympiateilnehmer überbot den Weltrekord im Hammerwerfen. Als ihn die Journalisten umringten und fragten, woher er so viel Kraft nehme, verriet er vertraulich: „Binden Sie noch eine Sichel an den Hammer, und ich werf' ihn noch weiter!"

– Wann wird in der ČSSR Kommunismus sein?
– Wenn ein jeder irgendwo einen Bekannten haben wird.

„Warst du gestern in der Plenarsitzung?"
„Nein, ich habe zu Hause geschlafen."

Genosse Kučera wurde beauftragt, im Unternehmen einen Klassenfeind ausfindig zu machen. Er nahm so an der Parteivollversammlung teil, bei der ein Kreisfunktionär ein langweiliges Referat hielt. Kučera beobachtete die Anwesenden eine Weile, dann wies er mit dem Finger auf einen der Teilnehmer:
„Der dort in der fünften Reihe ist der Klassenfeind."
„Wie bist du darauf gekommen?" wunderte sich der Personalreferent.
„Ganz einfach. Im Schulungskurs hat man uns gelehrt, daß der Klassenfeind niemals schläft. Und er war der einzige, der während der Rede des Genossen Referenten nicht schlief."

„Gestern hatte ich einen sonderbaren Traum."
„Erzähl mal."
„Ich träumte, ich sei bei einer Parteiversammlung."
„Was ist daran so seltsam?"
„Als ich aufwachte, da war ich tatsächlich dort!"

Zwei Freunde treffen sich auf der Straße.
„Mensch, was ist mit dir los? Weshalb bist du so abgemagert?"
„Weißt du, daß ich geheiratet habe?"
„Und deine Frau kann nicht kochen, das kenne ich zur Genüge. Warum schickst du sie denn nicht in einen Kochkurs?"
„Das hab' ich schon getan."
„Na und?"
„Sie sind noch bei der Revolution von 1905."

– Kritik von oben, erzählt jemand aus eigener Erfahrung, das ist, wie wenn man von oben her mit Wasser übergossen wird.
– Und Kritik von unten, wenn ein Kleiner einen Großen übergießen möchte und dabei fast das ganze Wasser auf seinen eigenen Kopf zurückfließt.

Toni Novák kehrt kurz nach Mitternacht nach Hause zurück. Seine Frau begrüßt ihn mit einer üblen Szene.
„Kann ich denn etwas dafür, daß die Parteisitzung so lange dauerte?"

„Schon wieder eine Sitzung! Und was bringt man euch eigentlich auf all diesen Sitzungen bei?“
„Daß wir unsere Schwiegermütter lieben sollen, wenn du es unbedingt wissen willst!“ antwortete der müde Ehemann erbost.
„Wenn du nur nicht so lügen würdest!“
Da mischt sich die Schwiegermutter in den Zwist ein:
„Laß ihn, oder weißt du etwa nicht, daß die Partei immer recht hat?“

„Weißt du“, erklärt ein Ehemann seiner Frau, als er spät in der Nacht nach Hause kommt, „ich ging vom Arbeitsplatz weg und machte in der Kantine halt auf ein Gläschen. Und dort saß eine phantastische Katze, was sollen lange Erklärungen, Alte, ein Prachtstück. Wir kamen ins Gespräch, ein Wort ergab das andere, dann gingen wir gemeinsam Abendessen, und ich begleitete sie nach Hause. Sie lud mich zu einem Aperitif ein, und du weißt ja, was für ein Schwächling ich bin, ich konnte nicht widerstehen. Und wie ich so dasaß, da warf sie mich nach dem ersten Glas auf den Diwan nieder, und du weißt . . “
Die Frau hörte sich das ruhig an, bis sie die Geduld verlor.
„Nun genug! Du bist ein Lügner, ein simpler und vulgärer Lügner! Ich weiß genau, wo du warst! Du hast wieder den ganzen Abend auf einer Parteisitzung verbummelt!“

Für die tschechoslowakischen Parteisitzungen und später auch für alle anderen Anlässe wurde das Verbot erlassen, über die Ansichten des ersten und letzten Sekretärs zu diskutieren.
Grund: De Gustibus non est disputandum.

Genosse Kohn wurde dreimal aus der kommunistischen Partei ausgeschlossen. Das erste Mal, als man Stalin zu Grabe trug, weil er bemerkte:
„Für dieses Geld hätte man das ganze Zentralkomitee begraben können!“
Das zweite Mal: In seinem Büro hingen nebeneinander die Fotos des Präsidenten Novotný und der Lollobrigida an der Wand. Als der Personalreferent dies sah, befahl er ihm:

„Nehmen Sie diese Hure sofort runter!“
„Welche?“ fragte Genosse Kohn.
Und zum drittenmal, als man ihm die Frage stellte, weshalb er nicht an der letzten Plenarsitzung teilgenommen hätte, und er herausplatzte:
„Hätte ich gewußt, daß es die letzte war, so wäre ich mit der ganzen Familie gekommen!“

Ein Mädchen kniet vor dem Altar und betet:
„Mein lieber heiliger Antonius, mach, daß ich heute die Prüfung im dialektischen Materialismus bestehe!“

Die Großmama zum Enkel:
„Iwuschek, sprich noch schnell ein Gebet, ich werde dir in der Zwischenzeit dein Pionierhalstuch bügeln.“

„Stell dir vor, Franta“, beschwert sich die Frau eines Parteisekretärs, „wie ungezogen unser Hänschen ist! Da waren wir gestern im Zoo, und vor dem Affenkäfig rief er aus: ‚Jesus Maria, diese Affen ficken!‘ Du mußt mit ihm reden.“
Der Vater ruft also den ungezogenen Sprößling zu sich und belehrt ihn:
„Wie kannst du nur öffentlich so etwas sagen? Du weißt doch, daß du der Sohn eines Parteisekretärs bist, und da rufst du im Zoo Jesus Maria!“

Die Staatspolizei erhielt eine zuverlässige Information, daß der Zigeunerprimas Lakatoš ein großer Bewunderer Amerikas sei. Sogleich schritten zwei Männer der Tat zu dessen Wohnung. Schon beim Betreten mußten sie feststellen, daß im Eßzimmer, das gleichzeitig als Schlafzimmer und Küche diente, nebeneinander vier Bilder hingen: Breschnew, Gagarin, der Papst und Carter.
„Was haben diese Portraits an der Wand zu bedeuten?“ fragte man den Zigeuner Lakatoš streng.
„Bitte schön, ich pflege jeden Tag vor diesen Bildern zu beten.“
„Wie sollen wir das verstehen? In einem atheistischen Staat!“
„Na, bitte schön, zuerst stell’ ich mich vor den Genossen Bresch-

new und sage: Unser Vater... dann zum Genossen Gagarin: ... der du bist im Himmel... dann zum Genossen Papst: ... geheiligt sei dein Name... und schließlich zum Genossen Carter: ... dein Reich komme..."

Der Ortssekretär der KPTsch besucht den Ortspfarrer in einer kleinen slowakischen Gemeinde.
„Leih mir die Kirchenbänke für eine Parteiplenarsitzung."
„Nein, du treibst ja antireligiöse Propaganda."
„Gut, aber dann werde ich dir die Predigten nicht mehr schreiben."
„In Ordnung, aber ich werde dir bei der Beichte keine Absolution mehr erteilen."
„Bitte sehr, dann schicke ich die Parteimitglieder nicht mehr zu dir in die Heilige Messe."
„Und ich die Gläubigen nicht mehr in die Parteiversammlungen."
„Und so wirst du nicht wissen, was sich bei den Sitzungen tut!"

Chruschtschow besuchte den Papst.
„Wie kommt es, Heiliger Vater, daß schon mehr als zweitausend Jahre Hunderte von Millionen Menschen noch an das Paradies im Himmel glauben, während 50 Jahre nach der Oktoberrevolution niemand an das Paradies des Kommunismus glaubt?"
„Das ist so, mein Sohn", antwortete ihm der Papst, „wir begnügen uns damit, das Paradies nach dem Tod zu versprechen, ihr aber wollt die Menschen überzeugen, daß sie schon darin leben."

Das Dekret über den Boden gab alles Land in die Hände der Bauern und der Landlosen.
Lenin war sehr daran gelegen, daß diese sich so schnell wie möglich damit bekannt machten. Die Soldaten, die von der Front zurückgekehrt waren, schienen ihm die besten Agitatoren zu sein. Ihnen wurden so von einem von Lenins Mitarbeitern Exemplare eines in Eile gedruckten Dekrets anvertraut. Als Lenin das hörte, befahl er, alle Abreißkalender zusammenzukaufen, die auf dem Newskij-Prospekt feil waren, und sie den Soldaten zusammen mit dem Dekret zu verteilen. Man fragte ihn, weshalb.
„Wißt ihr, was unseren Soldaten am meisten fehlt? Zigarettenpa-

pier. Haben sie einen Abreißkalender, so werden sie den Tabak dort reindrehen, sonst rauchen sie das Dekret auf, sobald sie nach Hause kommen."

Lenin erkrankte. Klara Zetkin empfahl ihm einen Berliner Spezialarzt.
„Alle möglichen Spezialisten haben mich schon untersucht, aber es hat nichts geholfen."
„Es handelt sich aber um einen ausgezeichneten Spezialisten", versicherte ihm die Zetkin. „Und darüber hinaus ist er ein guter Kommunist."
„Dann laß ich mich von ihm erst recht nicht untersuchen. Wenn er nämlich ein guter Kommunist ist, kann er nicht auch noch ein guter Arzt sein."

Kurz vor der Revolution war selbst ein einsames Landhäuschen nicht mehr sicher genug für Lenin. Deshalb wurden auf Beschluß des Zentralkomitees zuverlässige Genossen über die finnisch-russische Grenze ins Dorf Jalkale geschmuggelt – diesmal als Heizer verkleidet. Als die Agenten Kerenskijs auch diesen Ort ausgeschnüffelt hatten, wurde zwei Laienspielern aus Helsinki befohlen, den maskierten Lenin in eine neue illegale Wohnung in der finnischen Hauptstadt zu begleiten.
Einer der Schauspieler, der ihn bis zur Unkenntlichkeit verkleidete, warnte ihn stets von neuem:
„Und daß Sie ja kein Wort sagen, verstehen Sie, kein einziges Wort!"
Lenin murrte:
„Genügt es denn nicht, daß Kerenskij mir das Reden verboten hat, müßt ihr das jetzt auch noch tun?"

Klara Zetkin war bei Lenin zu Besuch. Nadeschda Krupskaja bereitete ihr zu Ehren ein „Festmahl" zu: süßer Tee, Käse und Kekse. Plötzlich bemerkte die Zetkin Lenins Anzug.
„Sagen Sie mal, Wladimir Iljitsch, sind dies nicht dieselben Kleider, die Sie vor zehn Jahren auf dem Kongreß der Internationale in Deutschland trugen?" fragte sie.

„Sie haben ein bewundernswertes Gedächtnis, daß Sie sie wiedererkannten“, antwortete Lenin.
„Und glauben Sie nicht, daß Sie für den schlechten Ruf des Staates sorgen, wenn Sie so herumlaufen?“ grollte die Zetkin.
„Würde ich mich nicht um die Kleidung unserer Bürger sorgen, so riefe dies bei den ausländischen Diplomaten mehr Freude hervor als mein alter Anzug“, bemerkte Lenin.

Kurz nach dem Attentat erholte sich Lenin in Gorkij, wo ihm sein verwaister Neffe Viktor Gesellschaft leistete. Einmal ertappte Lenin ihn, wie er versuchte, eine vor dem Fenster reifende Tomate abzureißen.
Der Junge wurde rot vor Scham.
„Hast du noch nie Indianerromane gelesen?“ fragte ihn Lenin.
„Doch.“
„Dann hast du das nicht gründlich genug getan, wenn du dich schon bei einem Diebstahlsversuch ertappen läßt. Du solltest sie nochmals durchlesen, damit du dich nicht ein zweites Mal erwischen lassen mußt. Präg dir das gut ein: Alles, was wir tun, müssen wir gründlich machen, oder es sonst lieber bleibenlassen, statt uns zu blamieren.“

Während des Ersten Weltkriegs wohnte Iwan Iwanowitsch in einem Landhäuschen in einem verlassenen russischen Dorf. Einmal klopfte es abends an die Tür:
„Öffne und verstecke mich, ich werde verfolgt!“ Es war Lenin.
„Fürwahr, ich öffne nicht, man könnte mich noch verhaften.“
Lenin klopfte zweimal. Aber der Bauer weigerte sich noch zweimal, ihm Obdach zu gewähren.
Es vergingen dreißig Jahre. Im Dorf steht ein herausgeputztes Häuslein. Darin zeigt man dem Volk einen Greis, der dreimal mit Lenin gesprochen hat.

Da die Euphorie der Leninfeiern auch die andern sozialistischen Länder ergriff, erinnerte sich auch ein slowakischer Hirte, wie sich Lenin während der Emigrationsjahre in den slowakischen Bergen versteckt hielt. Denn es gibt anscheinend keinen Platz auf Erden,

wo sich Lenin nicht verborgen hat. Dies beweisen auch die Leninmuseen in allen Städten des sozialistischen Lagers.
So besuchten Journalisten den slowakischen Hirten, um ihn über dieses historische Ereignis auszufragen.
„Genosse, erinnern Sie sich an jenen Augenblick?“
„Wie könnt’ ich anders! Ich sah, wie er näher kam: Spitzbart, glatzköpfig, Schildmütze, kariertes Hemd. Das mußte er sein!“
„Und was haben Sie da getan?“
„Nichts wie los ins Dorf, um die Gendarmen zu benachrichtigen!“

Lenin, Trotzki und Dzerschinskij stritten sich, was besser sei: eine Geliebte oder eine Ehefrau.
Trotzki meinte: eine Geliebte, sie inspiriert zu revolutionären Taten.
Dzerschinskij war anderer Meinung: eine Gemahlin, weil die mir ein gutes Mittag- und Abendessen kocht und ich mich voll der Verteidigung der Staatssicherheit widmen kann.
Lenin proklamierte: sowohl als auch. Der Geliebten sage ich, ich sei bei der Frau, der Frau, ich sei bei der Geliebten, und dabei husche ich – schwupps – in die Bibliothek!

Dzerschinskij lud Lenin zu einem Becher Wodka ein.
„Gut, aber nur für zwei Rubel, Felix Dawidowitsch.“
„Warum nicht für mehr?“
„Unlängst habe ich eine Drei-Rubel-Portion getrunken, und dann kroch ich auf irgendeinen Panzerwagen und schwatzte und schwatzte . . .“

In Moskau fand eine große Bilderausstellung statt.
Zentrum der Aufmerksamkeit war ein Gemälde, das ein Zelt am Waldrand darstellte, aus dem zwei Paar Beine hervorguckten: Durch eine halbgeöffnete Spalte konnte man erkennen, daß sie Dzerschinskij und Nadeschda Krupskaja gehörten. Darunter stand der Text: Lenin in Polen.
Neugierige Besucher fragten: „Und wo ist Lenin?“
Antwort: „Na eben in Polen!“

Im Rahmen der Leninfeiern wurde ein Wettbewerb um die perfekteste Kuckucksuhr ausgeschrieben. Es gingen viele Vorschläge ein, die Jury beschloß aber, die folgenden drei Werke zu prämiieren:
Dritter Preis: Jede volle Stunde springt ein Kuckuck aus der Uhr, der Lenin! Lenin! Lenin! ruft.
Zweiter Preis: Der Kuckuck springt hervor und ruft: Es lebe Lenin!
Der erste Preis wurde einer Uhr zuerkannt, wo aus dem Fensterchen zu jeder Stunde Lenin heraushüpft und ruft: Kuckuck! Kukkuck! Kuckuck!

Lenin kam spätabends von einer Sitzung im Smolny zurück.
Am Morgen steht er auf, will sich anziehen und fragt die Krupskaja:
„Wo sind denn meine hellblauen Unterhosen?"
„Ich weiß nicht . . . gestern lagen sie noch hier."
„War hier jemand?"
„Nur Felix Dzerschinskij."
„Das hätte ich mir gleich denken können. Bestimmt hat er die auch noch ins Leninmuseum getragen!"

Lenin war gestorben und kam in den Himmel. Die Heilige Dreifaltigkeit berief sofort eine Beratung ein. Was tun? Lange spekulierten sie, bis sie endlich beschlossen, ihn einzulassen. Gott Vater war nicht gerade begeistert und rief deshalb den Heiligen Petrus zu sich.
„Was macht unser neuer Einwohner?"
„Er liegt, Herrgott."
Eine Woche später rief er ihn wieder:
„Was macht er?"
„Er liegt, Herrgott."
Und drei Wochen später:
„Was macht er?"
„Er liegt, Genosse Gott."

„Natascha, um Himmels willen, bist du verrückt geworden?“ entsetzten sich die Kameradinnen eines Charkower Mädchens.
„Du bist noch keine achtzehn und willst einen achtzigjährigen Greis heiraten?“
„Na ja, aber stellt euch mal vor, als er jung war, hat ihm Lenin einmal die Hand gedrückt!“

Endlich wurde in der Sowjetunion auch das Wasser des Lebens erfunden. Das erste, was man damit tat: Lenin wurde wieder auferweckt. Wladimir Iljitsch verlangte alle Zeitungen ab 1917, schloß sich in ein Zimmer ein und gebot, ihm das Essen vor die Tür zu bringen.
Aber nach etwa einer Woche blieb es plötzlich unberührt. Als man daraufhin die Tür aufbrach, fand man auf dem Tisch die zeitgenössische Presse und eine handschriftliche Nachricht Lenins:
– Beginne alles von vorne. Bin in der Schweiz. Uljanow.

Der Lehrer erzählt den Kinderlein von Lenin.
„In der Tat, auch der große Wladimir Iljitsch war manchmal verzweifelt, und einst soll er in einer schweren Stunde sogar gesagt haben, es wäre besser gewesen, wenn er in der Schweiz geblieben wäre.“
„Ist das wahr?“ fragte Iwanuschka.
„Wahrlich Kinder. Wisset, daß Genosse Lenin stets recht hatte.“

Zur Zeit der Hundertjahrfeiern zu Lenins Geburtstag begann man in der Sowjetunion Ehebetten prinzipiell für drei Personen herzustellen.
Wissen Sie, weshalb?
Weil Lenin allgegenwärtig ist.

Nach einer Neutronenbombenexplosion blieb ein einziger Mensch auf der Erde zurück – Leonid Breschnew. Breitbeinig stand er da und rief selbstbewußt aus:
„Endlich beherrsche ich die ganze Welt.“
In dem Moment aber versetzte ihm jemand einen Schlag, und

Leonid fiel hin. Über der Leiche stand Gustav Husák und sagte ruhig:
„So, und jetzt kann ich allein über die ganze Welt herrschen!"
Aber plötzlich stirbt auch er durch Schläge auf den Kopf. Wer könnte ihn umgebracht haben, da doch alle tot waren?
– Natürlich Lenin. Der ist ewig lebendig.

Drei Lenins wurden nacheinander ins Irrenhaus eingeliefert. Anläßlich einer ärztlichen Untersuchung antwortete der dritte auf die Frage, ob auch er Lenin sei, ganz entrüstet:
„Bin ich denn verrückt? Ich bin doch Nadeschda Krupskaja!"

Ein Kunde betritt eine Papierwarenhandlung.
„Ich hätte gerne ein Portrait Lenins."
„Ein gewöhnliches oder die Luxusausführung?"
„Worin besteht der Unterschied?"
„Auf der Luxusausführung hat er sein Käppi auf dem Kopf."

Und noch einen aus der Tschechoslowakei:
In Bratislava betritt ein Kunde das Geschäft.
„Könnte ich Gipsbüsten Lenins bekommen?"
„Gewiß. Wie viele?"
„Zweihundert Stück."
„Soll ich sie verpacken, oder nehmen Sie sie gleich mit?"
„Verpacken Sie sie bitte und schicken Sie alles an folgende Adresse: Jára Roubíček, Wien, Prater, Schießbuden."

Noch zu Stalins Lebzeiten begab sich ein Mütterchen in eine orthodoxe Moskauer Kirche, kniete fromm in einer Ecke nieder und leierte ihre Gebete und Wünsche herunter. Ein Pope ging an ihr vorbei und hörte, wie die Alte vor sich hinmurmelte:
„Jesus Maria, befrei uns vom Josef!"

Vor dem Porträt von Stalins Mutter in der Tretjakow-Galerie steht ein Mann und klagt leise:
„Ach Gott, so eine sympathische Frau, warum hast du nicht rechtzeitig eine Abtreibung machen lassen?"

Der Papst starb und kam selbstverständlich in den Himmel. Weniger einleuchtend war aber, daß der Himmelverwalter, der Heilige Petrus, ihn um fünf Stockwerke tiefer einquartierte als Stalin, der ebenfalls im Himmel logierte.
„Könntest du mir das vielleicht erklären, Peterchen?“ fragte der Heilige Vater verwundert.
„Gewiß. Stalin hat sehr viel mehr Leuten das Beten beigebracht als du.“

Ein junger Mann kletterte auf die Stalinstatue in Bratislava – auch dort zierte eine solche vorübergehend die Stadt.
„Kommen Sie sofort herunter!“ rief ihm ein Polizist zu.
„Nein! Ich bin ein freier Bürger eines freien Staates!“
„Entschuldigen Sie bitte, ich wußte nicht, daß Sie Ausländer sind!“

Ein altes Mütterchen hielt in Budapest vor dem Stalindenkmal inne.
„Wer ist dieser Herr mit dem Schnauz?“ fragte sie einen Passanten.
„Mütterchen, das ist Stalin, der die Deutschen aus unserem Land vertrieben hat.“
„Was für ein guter Mensch! Könnte er das nicht auch mit den Russen tun?“

Nach dem 20. Parteikongreß der KPdSU fragte ein Referent einen Studenten der Politschule:
„Was meinst du, Genosse, was man über Stalin sagen könnte?“
Der Student antwortete nach einigem Nachdenken:
„Jetzt vermutlich schon alles . . .“

Zu jener Zeit fragte ein Schüler in Moskau:
„Großmutter, wer hat gesagt ‚Lernen, lernen, lernen‘?“
„Lenin.“
„Schade, daß es nicht Stalin war!“

Heute besitzt Stalin nur mehr eine Erinnerungstafel an der Kremlmauer – unter anderen Toten, die sich um die Sowjetmacht verdient gemacht haben. Als er aber starb, wurde er im Mausoleum

auf dem Roten Platz neben Lenin zur Ruhe gelegt. Und obwohl der verborgene Haß gegen den Despoten schwelte, verdoppelten sich die Schlangen Neugieriger vor dem Mausoleum. Ein ausländischer Besucher fragte, wie das nur möglich sei.
„Dadurch“, wurde ihm erklärt, „daß das Volk die Sicherheit haben will, daß Stalin auch wirklich tot ist.“

Als Chruschtschow nach Stalin die Macht übernahm, fand er im Nachlaß zwei Briefe, in denen sein Vorgänger gute Ratschläge fürs Leben gegeben hatte. Er durfte sie aber erst öffnen, wenn der Führung eine Gefahr drohen sollte. Es dauerte nicht lange, bis sich Nikita Sergejewitsch in Schwierigkeiten befand. So öffnete er den ersten Brief. Darin stand geschrieben:
– Um keinen Preis nachgeben! Kämpfe wie ein Löwe! Lieber sterben als aufgeben!
Kurze Zeit danach, als Chruschtschow kurz vor seinem Sturz stand, öffnete er auch den zweiten Brief. Dort stand geschrieben:
– Schieb alles auf mich ab!

Kurz nach dem 20. Kongreß erzählte man sich:
„Mami, Lenin war ein guter Mensch, nicht wahr?“
„Aber gewiß, mein Sohn, schlaf jetzt!“
„Mami, und Stalin war böse, nicht wahr?“
„Aber gewiß, mein Sohn, aber schlaf jetzt!“
„Mami, und was für ein Mensch ist Chruschtschow, ein guter oder ein böser?“
„Wenn er stirbt, wirst’ schon sehen. Und schlaf jetzt endlich!“

Der georgische Schauspieler Gelowani, der in Dutzenden von Sowjetfilmen den großen Heerführer und mächtigen Herrscher Stalin verkörpert hatte, riß sich nach dessen Tod verzweifelt die Haare vom Kopf.
Damit er von da an Chruschtschow spielen könne.

In der Bildergalerie des Kreml hängte man neben den Portraits von Lenin und Stalin auch ein Bild Chruschtschows auf.

Unter allen Ölbildern waren kleine Messingtäfelchen angebracht, auf denen nur zwei Buchstaben standen: G. T.
„Diese Initialen bedeuten“, erklärte eine Intourist-Führerin den Besuchern, „daß Lenin ein großer Theoretiker war.“
„Wie ich sehe, befinden sich dieselben Buchstaben aber auch unter Stalins Bild“, reklamierte eine Besucherin.
„Ja, aber hier bedeuten sie etwas anderes: Großer Terrorist.“
Schließlich hielt jemand vor Chruschtschows Portrait inne.
„Wie kommt das? Auch der war ein G. T.?“
„Natürlich. Ein Großer Tourist.“

– Weshalb hat Breschnew mit der neuen sowjetischen Verfassung nicht gleich die absolute Monarchie eingeführt, nachdem er ohnehin schon alle Macht in seinen Händen konzentriert hat?
– Weil er nicht wußte, ob er sich als Leonid I. oder Iljitsch II. krönen lassen sollte.

– Weshalb haben die Amerikaner den Ungarn die Stephanskrone zurückgegeben?
– Weil sie Breschnew zu klein ist.

– Warum haben sich die Russen dermaßen bemüht, den ersten Menschen auf den Mond zu schicken?
– Weil Breschnew in Rußland der erste Mensch ist.

Breschnew wurde von Terroristen entführt.
Sie verlangten zwei Millionen Lösegeld.
Wird es ihnen nicht ausgehändigt, so geben sie ihn zurück.

Im Januar war auf dem Roten Platz nahe der Kremlmauer mit Großbuchstaben in den Schnee gepißt: BRESCHNEW IST EIN OCHSE.
„Untersucht den Vorfall und ermittelt den Täter, mag dies noch so peinlich sein!“ befahl Breschnew.
Ergebnis:
„Die Handschrift ist die Ihrer Frau, der Urin der Kossygins.“

– Was sind Breschnews Augenbrauen?
– Stalins Schnauz auf einem höheren Niveau.

Breschnew geht von zu Hause weg in eine Konferenz, wo er eine wichtige Rede halten soll. Seine Frau ruft ihm nach:
„Lonja, du hast die Augenbrauen vergessen!“

Breschnews Liebe zu Autos ist allgemein bekannt. Er besitzt eine ganze Kollektion einheimischer und ausländischer Fahrzeuge, die ihm bei den verschiedensten Anlässen als kleine Aufmerksamkeit zu Hause und in der Fremde geschenkt worden waren. Auch jetzt setzt er sich in den neuesten geschenkten Wagen, um ihn auszuprobieren. Er macht sich auf die Fahrt und wird schneller und schneller. Bei zweihundert Stundenkilometern gerät er in eine enge Kurve, die bei einer solchen Geschwindigkeit nicht mehr zu bewältigen ist. Es droht eine Katastrophe. Breschnew erblaßt, schließt vor Schreck die Augen und flüstert:
„Mein Gott, falls es dich überhaupt gibt, mach was, daß ich am Leben bleibe!“
Da ertönt Gottes Stimme:
„Gut, ich lasse ein Wunder geschehen, aber nur unter einer Bedingung ...“
„Ich mache alles, was du willst, nur schnell!“
„So ruf denn laut hörbar: Es lebe der Papst!“
„Nein! Das kann ich nicht! Du mußt einsehen, daß das nicht geht!“
„Dann ist die Situation hoffnungslos.“
Da die Katastrophe unabwendbar scheint, schluckt Breschnew den Speichel runter, holt tief Luft und schreit: „Es lebe der Papst!“
„Sag mal, Leonid Iljitsch“, flüstert ihm Kossygin zu, während er ihn am Ärmel zupft, „genügt es denn nicht, daß du in einer Sitzung des Zentralkomitees schnarchst, mußt du dabei auch noch klerikale Parolen schreien?“

Geschichtsstunde im Jahre 2000 in Moskau.
– Wer waren Breschnew und Kossygin?
– Irgendwelche Politiker zur Zeit von Solschenizyn.

Breschnew kam in die Hölle, wo die Teufel ihm zur Begrüßung mitteilten, daß er zwischen drei verschiedenen Räumen auswählen könne.
Sie führten ihn in den ersten, wo er sah, daß man die verzweifelt schreienden Delinquenten an offenem Feuer brät. Im zweiten Saal wurden die Verurteilten mit glühenden Zangen gezwickt.
Im dritten Zimmer standen riesige Fässer voll flüssiger Scheiße, worin die Sünder saßen und Zigaretten rauchten.
Breschnew sah sich gründlich um und sagte sich dann, daß es trotz der widerlichen Strafe hier am angenehmsten sei, und außerdem könne man rauchen.
„Ich habe mich für diesen Raum entschieden", sagte er zum diensthabenden Teufel.
„Dieser nickte und half ihm ins Faß. Sobald er einquartiert war und nach der Zigarette griff, ertönte ein Lautsprecher:
„Ende der Rauchpause – alles sofort untertauchen!"

Zur Zeit der Versorgungsschwierigkeiten hängte der Leiter einer staatlichen Gemüseverkaufsstelle in Prag ein Schild aus, worauf er mit Kreide schrieb:
HEUTE HABEN WIR KOHL!
Ein anonymer Satiriker aus dem Volk schrieb dazu:
EIN WEITERER SCHWERER SCHLAG GEGEN DIE WESTLICHEN IMPERIALISTEN!

– Wie heißt der Diplomatenladen, wo hohe Parteifunktionäre stets alles bekommen können, für erheblich niedrigere Preise und ohne Schlangestehen?
– Personenkult.

Klement Gottwald, der erste Arbeiterpräsident der ČSSR, rief einen Tischler in sein Arbeitszimmer auf dem Hradschin, damit er ihm einen Stuhl repariere, der am Auseinanderbrechen war. Letzterer begann zu feilen, zu leimen und zu nageln, während Gottwald ihm ungeduldig und Pfeife rauchend zuschaute.
„Mensch, das dauert aber eine Ewigkeit! Das soll produktive Arbeit sein? Ich selbst hätte das im Nu fertig."

„Das ist gut möglich, Herr Präsident, schließlich sind Sie ein gelernter Tischler, wogegen ich nur Rechtsanwalt bin..."

„Genosse Zápotocký", beschwerte sich eine Arbeiterdelegation beim folgenden tschechoslowakischen Präsidenten, „diese Semmeln sind nach dem 20. Kongreß um zwei Zentimeter kleiner geworden!"
„Die Semmeln sind nicht kleiner, sondern ihr habt größere Mäuler!" antwortete der zweite Arbeiterpräsident.

Es war nach dem 20. Kongreß der KPdSU, der den Beginn des Tauwetters in den sozialistischen Ländern markierte.
Ein Schulinspektor machte einen Kontrollbesuch in einer tschechischen Klasse.
„Genossin Lehrerin, was unterrichten Sie?"
„Das Einmaleins, Genosse Inspektor. Daß zwei mal zwei neun gibt."
„Wieviel?"
„Zwei mal zwei gibt neun."
„Genossin Lehrerin, das ist doch nicht wahr!"
„Ich weiß, Genosse Inspektor, aber ich hatte dies zehn Jahre lang so im Lehrplan."
„Zur Zeit der Willkür, Genossin Lehrerin. Die Zeit ist jetzt gekommen, da man die Wahrheit sagen darf. Von jetzt an können Sie die Kinder lehren, daß zwei mal zwei sechs gibt."
„Ich vermute vier, Genosse Inspektor!"
„Nein, vorläufig noch sechs. Würden wir ihnen sogleich die volle Wahrheit mitteilen, so könnten die Kinder einen Schock kriegen!"

Wie wurde Novotný eigentlich Präsident?
Eine Delegation der Parteispitze begab sich nach Moskau, um den vorgeschlagenen Kandidaten genehmigen zu lassen, der jemand ganz anderer war. Als aber der erste Delegierte geredet hatte, wollte Chruschtschow ihm etwas sagen und unterbrach ihn: „No, vot..."
Die Delegation wartete gar nicht erst, bis er den Satz zu Ende gebracht hatte, sprang auf, lief nach Hause und wählte – Novotný.

Während seiner Amtszeit bekam Novotný im Volksmund das Epitheton „Vereiniger-Präsident", so wie einst Masaryk „Befreier-Präsident" und Gottwald „Aufbau-Präsident" genannt wurden. Es gelang ihm nämlich – wie der Prager Frühling 1968 bewies –, das ganze Volk gegen sich selbst zu vereinigen.

„Weshalb wurde Novotný Präsident?" fragten sich weniger Informierte.
Und die besser Informierten, welche ihn persönlich kannten, erklärten:
„Das ist auf die Liquidierung des Personenkults zurückzuführen. Die Wahl fiel auf einen Kandidaten, der garantiert keine Persönlichkeit hatte."

So konnte es denn passieren, daß eine leere Luxuslimousine zur Prager Burg fuhr, aus der Antonín Novotný ausstieg.

Man veranstaltete einen Wettbewerb um den kürzesten Witz in der ČSSR. Der folgende ging als Sieger hervor. Dr. Antonín Novotný.

Einmal schrieb Novotný eine politische Rede. Damit ihn niemand bei der Arbeit störe, bewachte ihn seine Sekretärin im Vorzimmer. Plötzlich sieht sie, daß etwas Gespensterhaftes vom Korridor hergerollt kommt – ein formloser, nebliger Geist. Entsetzt versteckt sie sich hinter dem Schrank, und der Geist kriecht durchs Schlüsselloch in Novotnýs Arbeitszimmer. Nachdem sich die Sekretärin einigermaßen erholt hat, eilt sie zum Präsidenten, um ihm beizustehen. Sie öffnet die Tür und sieht: Novotný sitzt am Schreibtisch, verfaßt seine Rede, und vom Geist weit und breit keine Spur . . .

Auf der Prager Burg wurde zu Ehren einer indischen Regierungsdelegation ein Empfang gegeben. Frau Novotný trat zu ihrem Mann:
„Tony, du solltest dir einen Stein in die Stirn einsetzen lassen."
„Weshalb?" fragt der Präsident verdutzt.
„Ich hab' mit eigenen Ohren gehört, wie die indischen Damen sagten: ‚Dieser Novotný ist im großen ganzen ein prima Mensch, nur fehlt ihm etwas hier . . .', und sie wies auf ihre Stirn."

„Hast du gehört? Präsident Novotný hielt eine Contergan-Rede."
„Wie das?"
„Ohne Hand und Fuß."

Als man Novotný in Prag zum Präsidenten wählte, seufzte der Mann auf der Straße: „Sie hätten besser unseren Komiker Werich gewählt. Der versteht auch nichts vom Präsidentenamt, aber wenigstens hätten wir was zum Lachen gehabt."

„Welcher Staat hat den intelligentesten Außenminister?" fragten sich die Prager zur Zeit Antonin Novotnýs, als ein gewisser Václav David dieses Amt innehatte, dessen Beschränktheit ein offenes Geheimnis war. Die Antwort lautete:
„Die Tschechoslowakei. Überlegen Sie nur mal, ob noch jemand in so vielen Sprachen schweigen kann wie er."

Präsident Svoboda beschwerte sich in seiner Neujahrsrede im Fernsehen:
„Man sagt, ich sei senil und könne nicht mehr länger Präsident sein. Es geht mir aber, Gott sei Dank, sehr gut. Ich muß Holz berühren!"
Er klopft auf den Tisch und ruft gleich darauf:
„Herein!"

Anfangs der 70er Jahre kam Präsident Svodoba etwas verspätet zu einer Sitzung des ZK der KPTsch, dessen Mitglied er war.
„Weshalb so spät, Genosse Präsident?" rügte ihn der Vorsitzende Erste Sekretär, Gustav Husák.
„Was heißt da spät? Sascha Dubček ist ja auch noch nicht da!"

Einmal empfing Präsident Svodoba auf der Burg eine Delegation von Veteranen des Ersten Weltkriegs. Er dachte an ferne vergangene Zeiten und meinte verträumt:
„Nicht wahr, das waren noch Zeiten, als wir 1918 mit den tschechoslowakischen Legionen in Rußland gegen die bösen Bolschewiken kämpften!"

In Prag blies ein heftiger Wind, der einen schmalen, seltenen Artikel hoch in die Luft fliegen ließ – ein Stück Toilettenpapier. Das Papier flog und flog, bis es endlich auf der Burg niederschwebte. Ein Mitglied der Burgwache bemerkte es und trabte zur Tür des Präsidentenzimmers, um den raren Artikel einzufangen. Er wurde aber vom Sekretär des Präsidenten aufgehalten.
„Zu spät, Genosse“, sagte er ihm, „der Genosse Präsident hat es soeben unterschrieben.“

„Man hat mir schon lange nichts mehr zum Unterschreiben gegeben“, beklagte sich der General, den man gegen Schluß nur noch am Leben erhielt, indem man ihn aufs Eis legte.
„Du bist doch nicht mehr Präsident“, bemerkte seine Frau Irena taktvoll.
„Nicht mehr? Und was hat man denn mit dem alten Herren gemacht?“

Ein andermal interessierte er sich:
„Wer ist denn jetzt eigentlich Präsident?“
„Na, Gusta doch“, erinnerte ihn seine Frau.
„Das ist aber gut, mit dem Jula hatte sie nicht gerade viel vom Leben...“, fügte der Expräsident hinzu, der Gustav Husák mit Gusta Fučík, der unpopulären Witwe des populären kommunistischen Journalisten, verwechselte.

– Welcher Unterschied besteht zwischen dem Präsidenten Svoboda und dem Präsidenten Husák?
– Bei Svoboda konnten wir feststellen, wie Politik den Charakter verdirbt, bei Husák, wie der Charakter die Politik verdirbt.

– Wie wurde Husáks Heimatort, Dubravka bei Bratislava, umbenannt?
– In Husakov unter dem Breschnew.

Husák ging ganz inkognito in ein Prager Kino.
Vor dem Hauptfilm wurden Aktualitäten ausgestrahlt, die ganz dem Ersten Sekretär der KPTsch und Präsidenten gewidmet

waren. Sobald er sich auf der Leinwand zeigte, begannen alle Zuschauer begeistert zu applaudieren. Nur Husák saß schweigend und geistesabwesend auf seinem Stuhl.
„Mensch, klatsch doch, oder das wird bös enden!" flüsterte ihm der Nachbar zu. „Was glaubst du denn, wir hassen ihn genauso wie du, aber sollen wir uns deswegen verhaften lassen?"

– Ist es wahr, daß Genosse Husák so sorgsam bewacht wird?
– Bestimmt. Er kann uns ja gestohlen werden.

UNGARN

– Wann wird in Ungarn das versprochene Paradies auf Erden herrschen?
– Wenn die industrielle und landwirtschaftliche Produktion das Produktionsniveau der politischen Witze erreicht.

Ein Tag nach dem Friedensausbruch. Am 10. Mai schwimmen zwei Matrosen, die Schiffbruch erlitten haben, auf einen leeren Kahn zu. Sie erreichen ihn gleichzeitig, klettern aufs Boot und starren sich stier an.
„Yankee?"
„Yes. Rus?"
„Da."
Sie geben sich die Hand, umarmen sich und springen dann in den Ozean zurück, um sich mit kräftigen Armbewegungen wieder voneinander zu entfernen.

Ein sowjetischer Major wird in der Wohnung einer ungarischen Familie einquartiert. Am folgenden Tag bringt der Hausmeister einen Papierbogen, den sowohl der Major als auch der Wohnungsbesitzer unterschreiben müssen.
Der sowjetische Offizier kritzelt drei große Kreuze aufs Papier, dann darunter ein kleines Kreuzlein. Verwundert schaut der Hausmeister auf die sonderbare Unterschrift, und schließlich fragt er: „Was bedeuten diese drei Kreuze, Genosse Major?"

„Das ist doch mein Name“, antwortet der Major.
„Ich verstehe. Aber was soll das kleine Kreuzlein?“
„Das ist der Doktortitel.“

Zu der Zeit herrschte eine unvorstellbare Inflation im Land. Keresztury betrat ein Geschäft und kaufte Schuhriemen. Er wollte mit einer Tausendernote bezahlen.
„Ich kann Ihnen nicht herausgeben“, wehrte sich der Händler. „Wenn Sie vielleicht eine Viertelstunde warten könnten.“
„Dann werden Sie Kleingeld haben?“
„Nein, aber die Schuhriemen werden dann einen Tausender kosten . . .“

Nach der Verteilung des Großgrundbesitzes an die Bauern. Der abgesandte Parteireferent erklärte feurig:
„Ihr habt euch der Parasiten entledigt, die euch und eure Vorfahren ausbeuteten. Ihr habt euch der Schinder entledigt, für die ihr euch abplagen mußtet. Der Großgrundbesitzer hat sich das Geld angeeignet, das mit euren Schwielen erarbeitet wurde, ist nach Monte Carlo gereist und hat dort an einem Abend euren Monatslohn verspielt!“
Die Anwesenden hören zu, nach einer Weile brummt ein bärtiges Männchen:
„Na ja, wenn er auf die falsche Karte gesetzt hat!“

„Darf ich wissen, seit wann ich ein Spion bin?“
„Seit heute früh.“
„Besten Dank.“
„Gern geschehen. Möchten Sie noch etwas wissen?“
„Könnten Sie mir vielleicht sagen, was ich meinen ausländischen Brotgebern verraten habe?“
„Ein Militärgeheimnis.“
„Ich verstehe. Und was für ein Militärgeheimnis?“
„Das ist ein Geheimnis.“

Anfang und gleichzeitig Ende eines Diskussionsbeitrages: „Ich würde gerne aufrichtig meine Mei . . .“

Ein nebliger Novembertag. Ein Begräbnis. Die 78jährige Marischka Kovács wird beerdigt. Hinter ihrem Sarg schreitet kein Mensch. Marischka Kovács war Köchin und diente – wenigstens nach den Angaben bei Kaderüberprüfungen – bei Leuten, die nie eine Köchin hatten.

„Sagen Sie, Landmann, wie sind Sie ein Mittelbauer geblieben?"
„Na, weil wir nur sechs Hektar Land besaßen."
„Und mit wieviel Hektar sind Sie ein Kulake geworden?"
„Mit vier."
„Wie ist denn das möglich?"
„Wir hatten sehr reiche Ernteerträge."
„Weshalb?"
„Weil wir geschuftet haben."

Graf Tihamér Eszterházy, ehemaliger Großgrundbesitzer in Gödöllö unweit Budapest, erwachte wegen schrecklicher Zahnschmerzen. Sofort machte er sich auf zum nächstgelegenen Zahnarzt. Dieser schaute ihm in den Mund und rief überrascht aus:
„Das ist ja schrecklich! Wie konnten Sie nur Ihr Gebiß so vernachlässigen? Warum haben Sie Ihre Zähne nicht in Ordnung gebracht?"
Der ehemalige Großgrundbesitzer Graf Tihamér Eszterházy machte eine finstere Miene:
„Für die Kommunisten?"

„Mich erinnert das Stalindenkmal an einen Riesen."
„Mich an einen Zwerg."
„Und mich an eine Statue."

„Die Ansicht, daß es in unserer Gesellschaft keine Widersprüche gibt, war falsch. Das Leben ist in jedem Fall voll von Widersprüchen. In dieser Frage dulde ich selbstverständlich keinen Widerspruch."

Zitat aus einem Brief von Wien nach Budapest:
– Ich bin gegangen, liebe Julischka, weil ich ein abenteuerliches Leben liebe...

Zitat aus einem Brief von Budapest nach Wien:
– Lieber Joschka! Ich bin aus demselben Grund zu Hause geblieben...

„Vati, was ist die gelbe Kugel dort?"
„Eine Orange, mein Sohn."

Stoßseufzer eines ungarischen Emigranten in Wien:
„Alles haben wir verloren, nur den Akzent nicht!"

Aufschrift auf einer Gedenktafel:
– In diesem Haus wurde der Dichter Jánosh Kovács geboren. Er erhielt für ein Gedicht über Kosuth den Jozsef Atilla-Preis und für ein Gedicht über Jozsef Atilla den Kosuth-Preis.

Schlußsatz einer selbstkritischen Rede in einer Betriebsvollversammlung:
„Meiner Ansicht nach haben wir aber auch früher schon Fehler gemacht und erzielen auch jetzt Ergebnisse."

Touristenstatistik:
In diesem Jahr besuchten die tschechoslowakischen Trainingsanzüge 35 Tausend ungarische Salamis.
(Das waren die Jahre, als der Tauschhandel noch florierte.)

Eine ungarische Emigrantin ernährt sich mangels besserer Arbeit von der Prostitution. Bei ihren Streifzügen am Montmartre trifft sie einen Landsmann, der sich auf einer Geschäftsreise befindet. Sie lädt ihn ins Hotel ein, und als es ans Zahlen geht, stellt sich heraus, daß der devisenarme Ausländer nur noch zehn Francs hat.
„Das macht nichts", meint das Fräulein, „den Rest können Sie meiner Mutter in Budapest geben."

Aufschrift am Grenzübergang nach Österreich:
– Wir begrüßen die Vertreter des verhaßten Kapitalismus in unserer sozialistischen Heimat herzlich!

Ein Radioreporter begibt sich zu einem sehr alten Bauern in Kenderes, dem ehemaligen Sommersitz des ungarischen Herrschers Horthy. Er fragt ihn:
„Alter, wissen Sie noch, wie Sie eine Bittschrift an Horthy adressieren würden?"
„Selbstredend. Ihre Hoheit, Freiherr Miklós Horthy von Nagybánya, Kenderes, Leninstraße."

Ein Landsmann, der vor vielen Jahren nach Amerika ausgewandert war, kam nach Budapest, um Verwandte zu besuchen.
„Wie geht es euch so?" fragte er.
„Danke gut, ich kann mich nicht beklagen", erklärte der Herr des Hauses. „Und euch?"
„Uns geht es, Gott sei Dank, gut, aber beklagen können wir uns."

Ein ungarischer Staatsangehöriger kehrt aus Österreich zurück. Die Zollbeamten finden in seinem Koffer nur Zündholzschachteln.
„Weshalb schleppen Sie das nach Ungarn? Wollen Sie damit Schwarzhandel treiben? Wir haben doch selbst genug Streichhölzer!"
„Auf keinen Fall! Ich nehme sie nur mit, damit ich etwas habe, um die ungarischen Streichhölzer zu entzünden."

Erster Teil des Satzes:
– Auch heute tauchen selbstverständlich Mängel auf...

Dessen Schlußworte:
– aber heute wissen wir, wie man sie durch andere Mängel ersetzt.

Kurz nach Kriegsende traf der zerlumpte, abgemagerte Kohn auf der Rákóczistraße den wohlgenährten, gutgekleideten Kovács, der ihn mit schlechtverborgener Verlegenheit begrüßte:
„Bist du zurückgekommen?"

„Ja."
„Und wie geht es dir?"
„Frag lieber nicht. Außer dem, was du trägst, ist mir nichts geblieben."

Es geschah im Jahre 1948. In einem Mehrfamilienhaus in Pest schreit Herr Varga aus vollem Hals:
„Hausmeisterin! Hausmeisterin!"
„Was schreien Sie denn so? Ich bin nicht taub. Übrigens ist mein Mann seit gestern Staatssekretär. Und hätten wir nicht so ein beschissenes System, so wäre ich jetzt eine große Dame."

Es stand schlecht um den Budapester Bürger Kohn. Er wurde der Aufwiegelung mit politischen Witzen beschuldigt. Man jagte ihn bis vor Rákosi, den allmächtigen stalinistischen Ersten Sekretär der Ungarischen Kommunistischen Partei. Kohn versuchte, sich herauszureden:
„Bitte schön, ich habe diese Witze nicht erfunden. Ich habe sie nur erzählt."
„Was erlauben Sie sich denn da? Sie bekommen fünfhundert Forint Buße. Wissen Sie etwa nicht, daß acht Millionen der Partei ergebene Ungarn hinter mir stehen?"
Kohn bemerkte schüchtern:
„Wir sind quitt, Genosse Rákosi. Auch ich bekomme fünfhundert Forint von Ihnen."

Mátyás Rákosi besuchte eine Budapester psychiatrische Klinik. Nach seiner Rede feierten ihn die Anwesenden mit begeistertem Applaus. Nur in der Ecke des Saals standen einige Personen, die nicht klatschten.
Der Angehörige des Geheimdienstes registrierte dies sofort und zog sie zur Verantwortung. Einer von ihnen verwahrte sich:
„Entschuldigen Sie, wir sind keine Patienten, wir arbeiten hier."

Auch in Budapest stand ein großes Stalindenkmal. Man legte davor Blumen und Kränze nieder, und die Ehrenwache gab Tag und Nacht acht, daß nichts passierte.

Trotzdem entweihten unbekannte Täter eines Nachts die Statue durch Bescheißen. Die Sicherheitsorgane fahndeten verzweifelt nach dem Sünder, der diese ungeheuerliche Tat vollbracht hatte. Schließlich kam Rákosi selbst zum Tatort. Mit Kennermiene atmete er den stinkenden Duft durch die Nasenlöcher ein und sagte:
„Genossen, wenn es noch so peinlich ist, es waren die Russen."
„Wie kannst du das mit Sicherheit behaupten, Genosse Rákosi?" wunderte sich der Polizeichef.
„Wißt ihr, wie lange ich in ihrem Arsch gesessen bin?"

Kádár, Husák und Breschnew veranstalteten ein Picknick. Kádár brachte ungarische Salami und Stierenblut-Wein mit, Husák Prager Schinken und Pilsner Bier, Breschnew trockenes Brot. Da flüstert Kádár Husák zu:
„Siehst du, Gusti, diese Russen sind uns schon wieder um fünf Jahre voraus!"

Kádár reiste nach New York. Sofort stürzten sich die Journalisten auf ihn. Einer fragt ihn:
„Was halten Sie vom amerikanischen Striptease?"
Kádár wollte sich heraushalten:
„Gibt es in Amerika Stripteasebars?"
Am folgenden Tag erschienen die amerikanischen Zeitungen mit faustgroßen Lettern auf der ersten Seite:
Die erste Frage János Kádárs auf amerikanischem Boden: „Gibt es in Amerika Stripteasebars?"

„Weshalb sind Sie seinerzeit der Ungarischen Kommunistischen Partei beigetreten?"
„Wegen meiner Position."
„Und weshalb treten Sie jetzt nicht in die erneuerte Arbeiterpartei ein?"
„Um sie zu halten."

Kádár wollte die Mitgliederzahl der gesiebten Partei erhöhen. Er entschloß sich also, Prämien zu verteilen:

Wer ein neues Mitglied gewinnt, muß nicht mehr an den Parteiversammlungen teilnehmen.
Wer zwei gewinnt, darf aus der Partei austreten.
Gewinnt einer drei, so bekommt er eine Bestätigung, daß er nie in der Partei war.

„Welches ist das größte Land der Welt?" fragte man sich in Budapest in den 70er Jahren und gab sich auch gleich die Antwort darauf:
„Klare Sache, Ungarn. Seit mehr als zwanzig Jahren verlassen die sowjetischen Einheiten das Land, und sie sind bis heute nicht über die Grenzen hinaus gekommen."

Die Bevölkerung versprach sich viel von den Wirtschaftsreformen, die unter dem Namen „neuer Wirtschaftsmechanismus" die Staatswirtschaft verbessern sollten.
„Und was ist eigentlich dieser neue Wirtschaftsmechanismus?" fragte ein ungarischer Bauer, der im Grunde wenig geneigt ist, Neuerungen zu akzeptieren.
Der Dorfälteste erklärt ihm anschaulich:
„Siehst du jenen Baum dort? Auf jedem Zweig sitzen Vögel. Jetzt klatsche ich heftig und guck, wie sie wegfliegen." – So geschieht es auch. Nach einer Weile fährt er fort:
„Und schau jetzt. Sie sind zurückgekommen. Was hat sich geändert?"
„Nichts", antwortet der Bauer nach längerer Betrachtung.
„Irrtum. Der Baum steht an derselben Stelle, auch die Vögel sind wieder an den Ästen, nur sitzen dieselben Vögel nicht auf denselben Ästen wie vorher. Und so ist das auch mit dem neuen Wirtschaftsmechanisums."

Ein wohlgenährter Arbeiter einer Budapester Firma lungert auf dem Fabrikgelände herum. Der Meister tritt auf ihn zu:
„Warum arbeitest du nicht, Genosse?"
„Weißt du denn nicht, Genosse Meister, daß die herrschende Klasse in Ungarn nie gearbeitet hat?"

In Budapest zirkulieren panische Nachrichten über einen drohenden Krieg. Die Leute kaufen diesmal zur Abwechslung – Salz. Vor den Lebensmittelgeschäften stehen unendliche Schlangen von Kunden. Einige Schritte entfernt die Polizei.
„Was haben Sie da?" fragen sie den ersten, der eine ganze Einkaufstasche voll davonträgt.
„Zehn Kilo Salz."
Ein weiterer ist an der Reihe. Auch er schleppt Riesensäcke, und er wird ebenfalls angehalten.
„Was tragen Sie da?"
„Fünf Kilo Salz."
„In Ordnung, Sie können gehen."
Es kommt ein dritter mit einem kleinen Säcklein in der Hand.
„Und Sie?"
„Zweihundert Gramm Salz, bitte schön."
„Zweihundert Gramm? Kommen Sie sofort mit uns!"
„Entschuldigen Sie!" verwahrt sich der Bürger erschrocken, „zehn Kilo sind erlaubt, und zweihundert Gramm nicht?"
„Versuchen Sie nicht, sich herauszureden!" fährt ihn der Hüter der Ordnung an. „Es ist offensichtlich, daß Sie auf einen Blitzkrieg spekulieren."

POLEN

Im Vorkriegspolen unter General Beck herrschte eine sprichwörtlich schlechte Moral in der Armee. Die Offiziere kehrten systematisch in angeheitertem Zustand in die Kasernen zurück. Einst hieß sie der Kasernenkommandant mit Vorwürfen willkommen:
„Wodka und Huren, Wodka und Huren – wie kleine Kinder!"

– Welcher Unterschied besteht zwischen einer polnischen Hochzeit und einem polnischen Begräbnis?
– Beim Begräbnis gibt es einen Betrunkenen weniger.

– Von wo aus hat man die schönste Aussicht auf Warschau?
– Vom Turm des Kulturpalastes (auch „Wahnsinniger Traum

eines betrunkenen Zuckerbäckers“ genannt), den Stalin kurz nach Kriegsende für die Warschauer bauen ließ. – Von dort aus sieht man nämlich den Palast nicht.

Ein sowjetischer Kosmonaut befand sich auf der obligaten feierlichen Propagandareise durch Polen. Das war zu der Zeit, als die Polen nicht einmal zu träumen wagten, daß auch einmal einer ihrer Landsleute, zusammen mit einem Russen, in den Kosmos fliegen würde. Als er in die bekannten Ursuswerke kam, wo kurz danach starke Unruhen ausbrachen, proklamierte er:
„Die Fortschritte der sowjetischen Wissenschaft sind unaufhaltsam. In nicht allzu ferner Zeit werden wir auf den Mars und die Venus fliegen.“
Nach dem Vortrag rief der Arbeiter Kowalski seine Kollegen in die Kantine:
„Kameraden, das müssen wir begießen! Die Russen werden unser Land bald verlassen!“

Zur Zeit, als ein Großteil der polnischen Kohle waggonweise in die Sowjetunion abtransportiert wurde, saßen zwei polnische Kumpels in einer Kneipe:
„Jetzt trinken wir auf das Wohl der polnischen Eisenbahnen“, sagte der eine und hob das Glas.
„Weshalb ausgerechnet auf das Wohl der Eisenbahnen?“ fragte sein Kumpan verständnislos.
„Weil wir ohne die polnischen Eisenbahnen die polnische Kohle selbst in Rucksäcken auf dem Buckel nach Rußland tragen müßten.“

„Hast du schon gehört? Polen hat von der Sowjetunion drei Millionen Paar Schuhe erhalten?“
„Tatsächlich?“
„Ja, zum Sohlen.“

Aus einer Regierungserklärung über den neuesten Handelsvertrag zwischen Polen und der UdSSR:
– Der diesjährige Handelsvertrag ist für beide Seiten besonders

vorteilhaft. Wir liefern der Sowjetunion Kohle, und sie nehmen uns dafür das Fleisch ab.

An einem öffentlichen Gebäude in Warschau prangte ein riesiges Transparent:
– ES LEBE DIE SOWJETUNION! –
Jemand schrieb dazu:
– Aber auf eigene Kosten.

In Warschau fand man heraus, wie man in Trams und Autobussen Gedränge vermeiden kann:
In jedem Wagen wird den Passagieren ein sowjetischer Film gezeigt.

Die Warschauer fragten sich nach dem Inkrafttreten der neuen sowjetischen Verfassung:
– Wozu brauchen sie eine neue, wenn noch nicht mal die alte Gültigkeit hatte?

Aufschrift auf einem Aushängeschild in einem polnischen Laden:
– Tausche kaum gebrauchte Souveränität gegen bessere geographische Lage ein.

Ein polnischer Fluch:
– Mögen dich die Deutschen besetzen und die Russen befreien!

Im Himmel trafen sich Lenin, Zar Nikolaus und Napoleon mit Parteisekretär Gomulka bei einem Glas Nektar.
„Hätten wir 1905 eine so heldenhafte Arbeiterklasse gehabt wie ihr Polen jetzt, so wären wir nie gezwungen gewesen, bis zur Oktoberrevolution 1917 auf den Sieg zu warten“, meinte Lenin.
„Hätten wir im zaristischen Rußland solche Polizeieinheiten gehabt wie ihr im Dezember in Danzig“, sagte Nikolaus, „so wäre es gar nie zur Oktoberrevolution gekommen, Herr Gomulka.“
Da meldet sich Napoleon zu Wort:
„Monsieur Gomulka! Hätte ich so eine Presse gehabt wie Sie in der Volksrepublik Polen, so würde bis heute noch niemand wissen, daß ich bei Waterloo eine Niederlage erlitten habe.“

„Jetzt, da wir den Personenkult hinter uns haben, können wir verraten, daß wir uns sehr fürchten...", sagten sich die Warschauer.

„Was für ein Unterschied besteht zwischen Gomulka und Gierek?" fragten sich die Polen, als es in den 70er Jahren zu Veränderungen an höchster Stelle kam.
„Gar keiner", sagen Skeptiker. „Nur weiß Gierek das noch nicht."

Eines Tages klingelt das Telefon in Giereks Arbeitszimmer. Eine Männerstimme teilt drohend mit, daß sich eine Zeitbombe im Zimmer befände.
Am nächsten Tag ruft dieselbe Stimme wieder an. Sie droht, es befänden sich zwei Zeitbomben im Raum. Dieser Nervenkitzel geht noch einige Tage weiter, und immer, wenn Gierek antworten will, legt der Anrufer rasch den Hörer auf. Bis es ihm endlich gelingt, dem Unbekannten ins Wort zu fallen:
„Hör zu, Gomulka, wenn du nicht aufhörst, so laß ich dir das Telefon abmontieren."

– Weshalb gibt es in Polen wo wenige Kommunisten?
– Vor allem, weil die Polen Katholiken sind und dann auch, weil sie Sinn für Humor haben.

In eine Krakauer Drogerie tritt ein Kunde mit einem riesigen fünfzackigen Stern auf dem Jackett.
„Freundschaft, Genossen, könnte ich bitte Rasierklingen der Marke Gilette bekommen?"
„Nein", antwortet der Verkäufer streng.
„Dann eventuell der Marke Asta, Genosse?"
„Nein."
„Dann halt Solingen, Genosse Verkäufer."
„Haben wir nicht!" antwortet der erboste Verkäufer schnippisch.
Nachdem der Kunde den Laden verlassen hat, fragt ihn der zweite Verkäufer verständnislos:
„Warum hast du ihm nichts verkauft? Wir führen doch alle Marken."

„Wenn er ein so großer Genosse ist, so soll er sich doch mit der Sichel rasieren.“

Gierek, der Erste Sekretär der polnischen Einheitspartei, sagt zu polnischen Journalisten:
„Hätten wir genug Blech, so würden wir die ganze Welt reichlich mit phantastischen Fleischkonserven versorgen. Nur – woher das Fleisch nehmen?“

– Warum gibt es in Polen systematisch Versorgungsschwierigkeiten mit dem Fleisch?
– Weil man sich mit steigendem Tempo dem Kommunismus nähert und die Kühe nicht Schritt halten können.

Einmal wollte der polnische Außenminister Rapacki in Mitteleuropa eine atomfreie Zone verwirklichen. Die heutige polnische Regierung erwägt einen neuen, realistischeren Plan: Sie würde gerne, wenigstens in Polen, eine fleischfreie Zone errichten.

Die Warschauer geben sich heute ein Rätsel auf:
– Worin gleichen sich Polen und die USA?
– Hier wie dort kann man nichts für Zlotys kaufen.

„Warum bleibt die Milchproduktion hinter dem Plansoll zurück?“ fragen sich unzufriedene Polen.
„Weil Genosse Gierek noch keine Zeit hatte, mit den Kühen zu reden.“

In eine Warschauer Fabrik kam ein Minister persönlich. Die Belegschaft versammelte sich in der großen Halle und skandierte vorschriftsmäßig im Chor:
„Es lebe unser Genosse Minister!“
Jemand fügte außerhalb des Szenarios hinzu:
„Mit demselben Lohn wie wir!“

In Warschau betritt ein Kunde eine Metzgerei:
„Ich hätte gern ein halbes Pfund Schinken.“

„Wir haben keinen Schinken."
„Dann zweihundert Gramm ungarische Salami."
„Wir haben keine Salami."
„Ein Paar Frankfurter Würstchen."
„Wir haben keine Frankfurter Würstchen."
„Dann halt Tschabaier-Wurst."
Der Verkäufer wendet sich an seinen Chef:
„Was meinen Sie, dieser Genosse hat aber ein phantastisches Gedächtnis . . ."

– Welcher Unterschied besteht zwischen Polen und der BRD?
– Wenn in der BRD an einem Geschäft Metzgerei geschrieben steht, so wissen wir, daß Fleisch drinnen ist. Steht dasselbe an einem polnischen Laden, so wissen wir, daß ein Metzger drinnen ist.

Der Papst soll in Polen eine neue Kathedrale einweihen. Die Regierung stellt eine Bedingung: Wir geben die Erlaubnis, sie muß aber Kathedrale des Heiligen Leonid heißen . . .
Aus Rom trifft eine positive Antwort ein, ebenfalls mit einer Bedingung: – Die Reliquien müßt ihr euch selber beschaffen.

– Was würde geschehen, wenn man alle polnischen Polizisten aus Polen in die Sowjetunion übersiedeln sollte?
– In beiden Ländern würde das Intelligenz-Niveau heftig ansteigen.

RUMÄNIEN

„Weshalb marschierten die Russen nicht mit Okkupationstruppen in Rumänien ein, wie sie das in der Tschechoslowakei taten?"
„Das war gar nicht nötig", erklärte der rumänische dissidente Schriftsteller Goma jemandem, „wir haben uns selbst okkupiert!"

Breschnew, Carter und Ciausescu nahmen an einer wichtigen Beratung teil. Nach deren Ende stiegen sie alle in ihre Autos ein, auch Ciausescu. Der Fahrer fragt ihn:

„Wohin fahren wir?"
„In welche Richtung fuhr Breschnew?"
„Nach links."
„Und Carter?"
„Nach rechts."
„Gut. Biege zunächst nach links ab, dann nach rechts, und fahr dann geradeaus."

– Warum wurde in Rumänien das Farbfernsehen noch nicht eingeführt?
– Weil Ciausescu einzig und allein beweisen will, daß schwarz weiß und weiß schwarz sei.

Folgendes geschah noch vor Ciausescus Amtsantritt:
Ein der Partei ergebener Genosse betrat ein Geschäft und kaufte drei Portraits: Stalin, Molotow und Berija. Am nächsten Tag kehrte er mit einer Reklamation zurück: Nur am Bild Stalins sei ein Haken angebracht, wie sollte er die andern beiden aufhängen?
„Das ist schon richtig so", erklärte ihm der Verkäufer. „Stalin muß man aufhängen, bei den andern beiden genügt es, sie an die Wand zu stellen."

Die rumänische Regierung beschloß, die Grenzen zu öffnen. Auf dem Flughafen Bukarest wurde ein großes Schild angebracht, mit der Aufschrift:
– Wir bitten den letzten Passagier, welcher das Land verläßt, nicht zu vergessen, die Türen hinter sich abzuschließen.

Im Hause eines rumänischen Bauern war ein Wunder geschehen: Es wurden sechs Kätzlein geboren, alle mit einem roten Pelz. Die zuständigen Propagandastellen der Partei nutzten dieses ungewöhnliche Ereignis aus und verkündeten, daß Rumänien ein solches politisches Bewußtsein habe, daß dort selbst die Katzen rot seien. Die Nachricht verbreitete sich in der Welt, und so dauerte es auch nicht lange, bis ein ausländischer Journalist den Bauern aufsuchte, um sich die Wunderkatzen anzusehen. Er fand aber dort nur sechs weiße Katzen vor.

„Was soll das?“ fragte er den Bauern enttäuscht. „Wurden sie nicht rot geboren?“
„Solange sie blind waren, waren sie tatsächlich alle rot. Kaum öffneten sie aber die Augen, da erbleichten sie auch gleich.“

In einer rumänischen Schule fordert der Lehrer die Schüler während einer Lektion in politischer Erziehung auf, berühmte Persönlichkeiten zu nennen, die große Taten im Dienste der Menschheit vollbracht hätten.
„Marx“, ruft einer.
„Einstein“, ein zweiter.
„Freud“, ein dritter.
„Moses“, antwortet ein vierter.
„Jesus“, fügt ein fünfter hinzu.
Klein Moritz meldet sich zu Wort:
„Genosse Lehrer, darf ich auch einen Nichtjuden erwähnen?“

Ein Bukarester Jude fragt einen Glaubensgenossen:
„Kennst du den schrecklichsten Traum des Großen Leonid?“
„Woher soll ich denn das wissen?“
„Ich will's dir sagen. Der Rote Platz in Moskau ist von Juden überfüllt, die alle mit chinesischen Stäbchen jugoslawische Čevabčiči mit tschechischen Knödeln essen und dazu rumänischen Čujka trinken.“

Kurz nach dem Erdbeben in Bukarest besuchte ein Bauer aus Siebenbürgen die Hauptstadt. Als er zurückkehrte, fragte seine Frau ihn neugierig:
„Hast du die Katastrophe gesehen?“
„Gewiß. Sogar seine Frau.“

Zwei Landsleute trafen sich in Bukarest, und zwar am Tag nach dem Nationalfeiertag.
„Stell dir vor, gestern hab' ich wie ein Schwein gefressen.“
„Was du nicht sagst!“ rief der andere neidisch aus. „Und was hast du gegessen?“
„Was soll ein Schwein schon fressen? Spülwasser und Brotrinde.“

BULGARIEN, JUGOSLAWIEN, ALBANIEN

Aus Sofia wird gemeldet:
– Was ist die wichtigste Eigenart des Kommunismus?
– Der Mensch kann nie wissen, was der gestrige Tag bringt.

Ein bulgarischer Kellner umschwänzelt einen Sommerfrischler aus der BRD an der bulgarischen Goldsandküste. Als der Tourist dem Kellner ein Trinkgeld gibt, fragt er ihn:
„Und auf die Deutschen seid ihr nicht mehr schlecht zu sprechen?"
„Jetzt, während der Saison?"

Noch vor einigen Jahren zirkulierte der Witz:
– Was ist das? Es ist klein, rot und hüpft.
– ???
– Albanien.

„Wie viele Albaner sind zu einer erfolgreichen Entführung notwendig?"
„Sechs."
„Wieso sechs?"
„Einen, der die Entführung realisiert und fünf, die den Erpresserbrief schreiben."

Kurz nachdem die Sowjets die erste mit einem Hund bemannte Rakete in den Kosmos geschossen hatten, begann sich auch Albanien fiebrig auf Weltallflüge vorzubereiten. Trotz der verschlechterten diplomatischen Beziehungen entsandten sie ein Telegramm nach Moskau:
– Schickt eine Rakete, den Hund haben wir bereits.

In einem Moskauer Museum begleitet ein Führer ausländische Touristen in den Saal der Erfinder.
„An dieser Wand sehen Sie die Bildnisse von drei berühmten Erfindern", sagt er. „Das rechts stellt Telefon Telefonowitsch dar, der das Telefon erfunden hat. Links befindet sich Radion Radionowitsch, der das Radio erfunden hat."

„Und wer ist der in der Mitte?“ fragen die Touristen.
„Iwan Iwanowitsch. Er ist der wichtigste von ihnen. Er hat Telefon Telefonowitsch und Radion Radionowitsch erfunden.“

Pawlow ist voll damit beschäftigt, die Reflexe des Nervensystems von winzigen Insekten zu erforschen. Beim neuesten Versuch nimmt er einen Floh in die Hand und befiehlt ihm:
„Springe!“ Der Floh springt.
Darauf reißt er ihm die Beinchen aus und gebietet wiederum:
„Springe!“ Der Floh rührt sich aber nicht mehr.
Pawlow vermerkt in seinem Notizheft:
– Reißt man einem Floh die Beine aus, so wird er taub.

Mitschurin züchtete eine Kreuzung zwischen einer Wanze und einem Leuchtkäferlein. Seit der Zeit gibt es in Rußland Leuchtwanzen, und die Straßen sehen aus wie in Las Vegas.

Mitschurin kreuzte den Leuchtkäfer auch mit der Biene. Und zwar deshalb, um im Rahmen einer erhöhten Arbeitsproduktivität dieses fleißigste aller Tierchen auch nachts arbeiten zu lassen.

Es gelang Mitschurin auch, Kühe mit Giraffen zu kreuzen, so daß von nun an die Kühe ohne Schwierigkeiten in der Tschechoslowakei gefüttert und in der Sowjetunion gemolken werden können.

Als bescheidenen Beitrag zur Erstellung der sibirischen Arbeitslager vereinigte Mitschurin den Igel mit dem Tausendfüßler. So gewann er aus jeder Kreuzung zehn Meter Stacheldraht.

Der große Forscher löste auch das ewige Problem des mangelnden Schweinefleischs:
Er kreuzte das Schwein mit dem Tausendfüßler.

Nach mühseligen Versuchen brachte Mitschurin es fertig, auch die Sonne mit dem Mond zu kreuzen. Seit der Zeit kennen die Sowjetbürger weder Tag noch Nacht.

Der beste Agronom der UdSSR ist trotz allem Breschnew. Er sät das Korn in der Ukraine und erntet in den Vereinigten Staaten.

In Kiew fand eine große Ausstellung von Haushaltsgeräten statt. Ein Ehepaar schaut sich mit Interesse das Modell einer Fleischfabrik an. Der Firmenvertreter erklärt:
„Dies ist eine Hochleistungsmaschine, der Stolz der sowjetischen Technik, für die Großproduktion von Fleisch. Diese Maschine kann eine ganze Stadt mit Würstchen versorgen."
„Tatsächlich?" wundert sich die Frau. „Und weshalb macht sie es denn nicht?"

Als Breschnew bei Carter zu Besuch war, zeigte dieser ihm eine Kartoffelschälmaschine. Später reiste Carter nach Moskau. Breschnew führte ihn vor einen riesigen Verschlag.
„Das ist unsere Schälmaschine, die größte der Welt."
Die Güterzüge fahren ein, schütten die Kartoffeln aus.
In dem Moment läuft ein schmächtiges Männlein mit einem Messer in der Hand aus einem Loch in der Bretterwand hervor und schimpft verzweifelt:
„Alle hat es verschüttet, was soll ich allein damit nur anfangen?"

In letzter Zeit werden immer häufiger Studienreisen tschechoslowakischer Bauern, Mitglieder landwirtschaftlicher Produktionsgenossenschaften, in die Sowjetunion organisiert, damit diese das Land kennenlernen und von den progressiven Arbeitsmethoden der Kolchosbauern profitieren. Nach der Rückkehr von einer einmonatigen Reise werden die Bauern zu Hause gefragt:
„Und wie sieht es dort aus?"
„Sie haben eine phantastische Technik. Stellt euch vor: Sie säen aus dem Helikopter, mähen mit Traktoren, und Brot essen sie durch den Rundfunk."

– Was wird das erste sein, das unsere Kosmonauten auf dem Mond sehen? – wurde Radio Eriwan etwas später angefragt.
Antwort:
– Zwei Amerikaner.

Kaum hatten die Russen bekanntgegeben, daß auch sie einen Flug zum Mond vorbereiteten, wurde Radio Eriwan auch schon mit Fragen überschüttet, auf die es schlagfertig antwortete:
– Gibt es auf dem Mond schöne Frauen?
– Ja, es gibt dort so wenige, daß jede schön ist.
– Ist die Antibabypille auch auf dem Mond wirksam?
– Ja. Aber der Kosmonautenanzug bietet noch besseren Schutz.
– Gibt es Homosexualität auf dem Mond?
– Die Hinterseite des Mondes ist noch zu wenig erforscht, als daß wir diese Frage zuverlässig beantworten könnten.
– Weshalb existiert auf dem Mond keine Prostitution?
– Weil niemand gegen sie agitiert.

Als anfangs der 60er Jahre die ersten Nachrichten über Weltall- und Mondflüge zu uns drangen, fragte Genosse Kohn auf einer Mitgliederversammlung der KPTsch in Bratislava:
„Und wann endlich, Genossen, werden wir in das 60 km entfernte Wien reisen?“
„Ihr Juden wollt doch immer eine Etappe überspringen“, fuhr ihn der Vorsitzende an.

Eine Moskauer Familie bekam Besuch vom Land. Sie fanden in der Wohnung aber nur den kleinen Wanjuschka.
„Wo ist der Papi?“ fragte der Onkel.
„Er macht gerade einen Rundflug um die Erdkugel, wird aber bestimmt in einer halben Stunde zurück sein.“
„Und dein älterer Bruder?“
„Der ist auf einen Sprung auf den Mond gegangen. Er sollte aber auch schon bald wieder zurück sein. Spätestens in zwei Stunden.“
„Und die Mama?“
„Die kommt nicht so rasch wieder, sie steht Schlange, um Mehl zu kaufen.“

Eine Lehrerin in einer sowjetischen Schule unterrichtet das kleine Einmaleins. Die Kinder sind aber schwer von Begriff und unfähig, die Zahlen von eins bis fünf der Reihe nach aufzuzählen. Endlich meldet sich klein Wolodja zu Wort:

„So laß uns hören!" muntert ihn die Lehrerin auf.
„Fünf, vier, drei, zwei, eins, Scheiße!"
Die Lehrerin fällt fast in Ohnmacht vor Überraschung.
„Wolodja, wie kannst du nur so reden? Wer hat dich das gelehrt?"
„Mein Papi, bitte sehr. Er arbeitet auf der Abschußrampe in Baikonur."

Breschnew kam nach Baikonur und versammelte alle Kosmonauten des Himmelsstädtchens, um seinem Unwillen Ausdruck zu geben.
„Wir wollen aufrichtig und im Guten miteinander reden, Genossen, schließlich sind wir unter uns. Die Amerikaner überflügeln uns ständig. Sie sind auf dem Mond gelandet, haben Farbaufnahmen von den anderen Planeten und wir immer noch nichts. Unsere Parteiführung hat deshalb beschlossen, euch zu ermöglichen, auf der Sonne zu landen."
„Aber dort verbrennen wir doch!" rufen die Astronauten entsetzt.
„Der Parteivorstand hat an alles gedacht. Selbstverständlich werdet ihr dort in der Nacht landen."

Und so landeten dann die sowjetischen Kosmonauten eines Tages tatsächlich, zwar weder auf dem Mond noch auf der Sonne, sondern auf dem Mars. Gleich nach der Landung entwickelte sich ein freundschaftliches Gespräch mit den Marsmenschen über das Thema, wie auf dem Mars eigentlich Kinder gezeugt würden.
„Sehr einfach", erklärte ein Marsmensch, „hier vorn am Bauch haben wir einen kleinen Sack, der mit winzigen grünen Pillen angefüllt ist. Aber wie macht ihr das auf der Erde?"
Die sowjetischen Astronauten erklären es ihnen ausführlich. Die Marsbewohner beginnen zu lachen:
„Das kennen wir! So machen wir die grünen Pillen!"

In der ersten tschechoslowakisch-sowjetischen Rakete saß, außer den Astronauten aus beiden Ländern, auch ein Affe. Ihm wurde eine Arbeitsinstruktion nach der andern gegeben, und der Affe lenkte das Fahrzeug. Schließlich erhielt der tschechoslowakische Kosmonaute auch einen Zettel mit einer Arbeitsanleitung.

Dieser freute sich, endlich mal was zu tun zu haben. Er las das Papier durch:
– Füttere den Affen – stand darauf.

– Weshalb hatte der tschechoslowakische Kosmonaut Remek nach seiner Rückkehr aus dem All ganz rote, aufgeschwollene Hände?
– Weil ihm sein sowjetischer Kollege während des ganzen Flugs draufschlug:
„Willst du wohl die Hände davon lassen?"

– Es ist nicht wahr, daß Remek der erste tschechoslowakische Astronaut war. Der zweite. Der erste zieht immer noch die Mondfähre.

Bis vor kurzem gab es in der Sowjetunion – trotz der Kosmonautik – eine verschwindend kleine Anzahl von Farbfernsehern. Deshalb sagte die Ansagerin jeden Abend nach Programmschluß in die Kamera:
„Gute Nacht, Genosse Breschnew!"

In der ČSSR begann man, einen neuen Typ von Fernsehempfängern herzustellen: Auf der Mattscheibe ist ein perfekter Scheibenwischer angebracht, der augenblicklich den Speichel wegputzt, wenn der erboste Zuschauer ihn beim Anblick seiner redehaltenden Staatsmänner ausspeit.

Kaum hatte das tschechoslowakische Fernsehen zwei Kanäle, begannen die Leute auf das zweite Programm umzustellen, sobald ein Politiker eine Rede hielt. Als die höchsten Parteistellen dies feststellten, wurde nach sowjetischem Muster eine Neuerung eingeführt:
Nach dem Umschalten auf die Zwei erscheint ein Angehöriger der Staatspolizei auf dem Bildschirm, der nachdrücklich einen Gummiknüppel schwingt:
„Wollen Sie wohl sofort auf die Eins umschalten?"

Eine Fabrikhalle ist voll in Betrieb. Plötzlich schreit jemand: „Auuuu!"
Die Arbeiter laufen zusammen. „Hilfe, Meister, Hilfe! Hans hat's am Finger erwischt!"
„Der wievielte Fall ist dies schon in dieser Woche?" fragt der Meister.
„Der sechste."
Der Meister atmet erleichtert auf.
„Das ist toll, ganz ausgezeichnet, wir haben die Anzahl geplanter Unfälle noch nicht überschritten!"

Eine andere tschechoslowakische Firma wurde von einer amerikanischen Gewerkschaftsdelegation besucht. Als sie sich die Arbeitsplätze anschauten, fragte einer der Abteilungsleiter ein Delegationsmitglied in gebrochenem Englisch:
„Sagen Sie, Mister, wieviel zahlt man in Amerika für eine solche Arbeit?"
„Für eine solche Arbeit? Nichts!"

Ein tschechischer Arbeiter gibt einem westlichen Journalisten ein Interview. Er interessiert sich für die Gründe der miserablen Leistungen und Resultate in der Produktion.
„Sie tun so, als ob sie uns zahlten, und wir, als ob wir arbeiteten."

„Nach welchen Kriterien werden die Prämien an die Arbeiter verteilt?" fragte ein ausländischer Experte den Vorsitzenden der Planungsbehörde der ČSSR.
„Das ist sehr einfach. Sie werden vorzugsweise vor allen denen ausbezahlt, die am wenigsten produzieren."
„Sehr originell! Und wieso das?"
„Weil die für ein Minimum an Ausschuß verantwortlich sind."

Welche sind die drei wichtigsten Arbeitsmethoden in den sozialistischen Ländern?
Erste – Arbeiter benutzen beide Hände.
Zweite – Direktoren arbeiten mit einer Hand, weil sie sich mit der andern am Sessel festhalten.

Dritte – Minister und Mitglieder des Parteivorstandes halten sich mit beiden Händen am Sessel fest, so daß ihnen nur noch die Füße zum Arbeiten bleiben.

Aus der Rede eines Direktors in einem Großbetrieb:
„Von jetzt an werden wir sparen, sparen und nochmals sparen – koste es, was es wolle!"

„Und wird sich der Genosse Direktor nicht über die Kritik ärgern?"
„Aber woher denn! Das ist ein prima Kerl. Der bemerkt überhaupt nicht, wenn er kritisiert wird."

– Weshalb steht an der Spitze der Organisationsstruktur der Bienen eine Königin und kein Erster Sekretär?
– Weil sie mit einem Ersten Sekretär statt Honig Scheiße hätten.

– Wann begann man, die Grundlagen für die tschechoslowakische sozialistische Wirtschaft zu legen?
– Schon zu biblischen Zeiten. Jesus wurde zum Kreuz geführt, worauf man ihm befahl, den linken Arm auszustrecken, der dann angenagelt wurde. Darauf den rechten. Auch der wurde angenagelt. Darauf befahl man ihm:
„Und jetzt kreuze die Beine, wir haben nur noch einen Nagel übrig!"

Eine Rationalisierungskommission begab sich in ein Amt, um die Arbeitsproduktivität in der Schwerindustrie zu überprüfen. Sie fragten einen Beamten:
„Was machen Sie?"
„Gar nichts."
Dieselbe Frage wurde einem anderen Angestellten gestellt.
Er antwortete ebenfalls:
„Gar nichts."
Der Kommissionsbericht lautete:
– Zwei Beamte verrichten unnötigerweise dieselbe Arbeit.

Der Tschechoslowakei wurde ein Stück Sahara zugeteilt. Die Regierung entsandte Fachleute zu deren Erforschung.
Nach drei Monaten traf ein Telegramm in Prag ein:
– Schickt Sand.

In einer tschechoslowakischen Fabrik wurde ein neuer Automat entwickelt, der sofort in Betrieb genommen wurde: Man wirft eine Krone ein, und es fallen zwei heraus. Nach einem Jahr wurde er aber wieder zurückgezogen: Man hatte herausgefunden, daß man draufzahlen mußte.

Ein amerikanischer Industrieexperte befand sich auf einer Studienreise in der Tschechoslowakei. Unter anderem besuchte er dort auch einen volkseigenen Betrieb, dessen Produktion angeblich vollkommen automatisiert war.
„Wir haben mit einer bescheidenen manuellen Produktion angefangen", erklärte ihm der Direktor, „die Herstellung eines Stücks dauerte fast eine halbe Stunde. Heute brauchen wir dazu nur zehn Sekunden."
„Und was fabrizieren Sie eigentlich?" fragte der Experte.
„Emailschilder mit der Aufschrift: ACHTUNG, HERUNTERFALLENDER VERPUTZ!"

In einem tschechischen volkseigenen Betrieb wurde eine neue Sekretärin angestellt.
Auf dem Weg zum Direktor schritt sie durchs Arbeitszimmer des ersten Vizechefs, der sie anhielt.
„In so lausigen Schuhen können Sie nicht zum Direktor gehen. Da haben Sie hundert Kronen. Kaufen Sie sich neue."
Als sie durchs Zimmer des zweiten Vizechefs ging, hielt auch der sie an.
„Nein, mit einer so häßlichen Bluse lasse ich Sie nicht zum Direktor. Da haben Sie einen Hunderter, um sich eine neue zu kaufen."
Schließlich wurde sie auch vom Direktor selbst unter die Lupe genommen.
„Mit so einer Frisur können Sie nicht im Vorzimmer sitzen. Hier

sind fünfzig Kronen, lassen Sie sich eine Dauerwelle machen."
Als sie von der Arbeit wegging, zog der Pförtner sie in seine Loge, umarmte und küßte sie und lud sie zu einem Rendezvous ein. Darauf fragte er sie, ob sie auch maschineschreiben könne. Und gab ihr eine Hunderternote. Entsetzt erzählte sie diese Erlebnisse zu Hause einer Freundin.
„Klarer Fall", konstatierte diese. „Dein erster Vizedirektor war früher Schuster, der zweite Schneider und der dritte Friseur."
„Und was ist mit dem Pförtner?"
„Das ist der ehemalige Direktor des Betriebs."

Im Rahmen der Konkurrenzfähigkeit mit dem Westen wurde endlich auch in Bratislava ein Bordell eröffnet. Ein staatliches selbstverständlich. Es besitzt vier Angestellte, eine fünfte wird zur Vorsteherin ernannt. Sie lehnt es aber ab:
„Nein, das akzeptiere ich nicht. Schauen Sie, eine wird die Partei vertreten, die zweite die Gewerkschaft, die dritte den Jugendverband, die vierte den Frauenverband, und ich alte Schachtel soll allein den ganzen Plan erfüllen?"

Auch Präsident Novotný lud Isaak Kohn, einen alten, erfahrenen Handelsmann, zu sich ein, damit dieser ihm verrate, wie man die zusammenkrachende tschechoslowakische Wirtschaft wieder auf die Beine bringen könnte. Kohn überlegte und bemerkte dann sachverständig:
„An Ihrer Stelle, Genosse Präsident, würde ich den Hradschin Ihrer Frau Gemahlin überschreiben lassen."

„Hast du schon gehört? Der Volksausschuß hat die Wohnungszuteilung beschleunigt!"
„Was du nicht sagst!"
„Wirklich! Während ich im Kino war, hat man meine Wohnung jemand anderem zugeteilt."

Hrabovecký kam in ein Provinznest, wo die Bauarbeiten im Schneckentempo vor sich gingen. Er suchte ein Hotel und hielt einen Passanten an.

„Welches ist das beste Hotel in eurer Stadt?“
„Das ist folgendermaßen: Die einen betrachten den ‚Roten Stern‘ als das beste, die andern den ‚Siebten November‘. Aber wenn Sie mich fragen, so werden Sie sowieso nicht schlafen, wo immer Sie absteigen werden.“
„Wieso?“
„Weil Sie sich die ganze Nacht verfluchen werden, nicht das andere Hotel gewählt zu haben.“

In den sozialistischen Ländern hat sich die Freundschaft zwischen Stadt und Land besonders intensiv entwickelt. So gehen Studentenbrigaden ins Dorf, um bei der Ernte zu helfen, während die Genossenschaftsbauern im Sommer in die Stadt zur Erholung reisen. Daher die Definition:
– Was ist genossenschaftliche Landwirtschaft?
– Die Genossenschafts-Landarbeiter stellen die soziale Klasse dar, die den Studenten bei der Getreideernte hilft.

In Prešov betrat Kundschaft eine Eisenwarenhandlung.
„Ich hätte gern ein Patentschloß.“
„Haben wir nicht.“
„Dann ein Hängeschloß.“
„Haben wir nicht.“
„Dann halt ein gewöhnliches.“
„Haben wir nicht.“
„Weshalb ist denn Ihr Laden überhaupt geöffnet?“
„Weil wir kein Schloß haben.“

Ein Mann stürmt in eine Papierwarenhandlung.
„Eine Rolle Toilettenpapier, bitte.“
„Es wird erst nächste Woche geliefert.“
„So lange kann ich nicht warten.“
Und er rennt wieder hinaus.

In einem Restaurant der ersten Preiskategorie:
„Bringen Sie mir bitte einen Tee ohne Rum.“
„Rum haben wir nicht, darf es ohne Zitrone sein?“

Ein Kunde bei einem Prager Metzger:
„Haben Sie Rindfleisch?"
„Nein."
„Kalbfleisch?"
„Nein."
„Schweinefleisch?"
„Nein."
„Leber?"
„Nein."
„Schaffleisch?"
„Nein."
Jemand im Hintergrund bemerkt erbost:
„Was hat der so wählerisch zu sein? Geben Sie ihm eins aufs Maul!"

Im Bahnhofsrestaurant der vierten Preisklasse in Poprad, in der Hohen Tatra, tritt der Kellner zum Gast.
„Wir haben Kaffee oder Tee, was wünschen Sie?"
Der Gast blickt auf den Tisch des Nachbarn, der schon bedient wurde.
„Wenn das, was mein Nachbar trinkt, Kaffee ist, so bringen Sie mir bitte Tee. Ist es Tee, so hätte ich gerne Kaffee."

„Wünschen Sie eine Tasse Kaffee, Herr Martinek?" fragt der Kellner eines Prager Kaffeehauses seinen Gast.
„Kaffee darf ich nicht. Wegen des Herzens."
„Haben Sie Herzbeschwerden?"
„Nein, aber ich hab' kein Herz, für diese Pansche auch noch fünf Kronen zu zahlen."

„Dieser Kaffee hat einen Vorteil, einen Nachteil und ein Rätsel", bemerkt ein Gast in einem Brünner Kaffeehaus.
„Weshalb, bitte?" fragt ein Kellner verständnislos.
„Der Vorteil ist, daß es keinen Zusatz drin hat, der Nachteil, daß es keinen Kaffee drin hat, und das Rätsel, weshalb Sie das als Kaffee verrechnen."

Anfangs der 60er Jahre betrat ein Kunde ein Bratislaver Geschäft.
„Ich hätte gerne die Pelargonie im Schaufenster."
„Die ist unverkäuflich."
„Dann die Rosen."
„Ich kann sie nicht herausnehmen."
„Die auch nicht? Dann halt die Maiglöckchen."
„Ich sag' Ihnen doch, daß das nicht geht."
„Herrgott, was sind Sie denn für eine Blumenhandlung, wenn Sie keine Blumen feil haben?"
„Wieso Blumenhandlung? Wir sind eine Metzgerei!"

Ein Bürger, der im Lebensmittelgeschäft weder Fleisch noch Gemüse noch Gewürze noch Gebäck und schließlich auch keine Kartoffeln bekam, schrieb einen erbosten Brief ans Ministerium für Volksernährung: . . . und deshalb mache ich den Vorschlag, Ihr Amt in Unterernährungsministerium umzubenennen.

Buchanec kam vom Büro nach Hause zurück und wollte Abendessen. Als er sich zu Tisch setzte, mußte er mit Entsetzen feststellen, daß er von einem Skelett bedient wurde. Der Schreck ließ etwas nach, als es mit der Stimme seiner Frau zu reden begann:
„Bitte erschrick nicht, Alter. Ich wollte eine Glühbirne kaufen und ging von Geschäft zu Geschäft, aber sie hatten nur Röntgenbirnen auf Lager."

Ein Prager Rätsel aus Antonin Novotnýs Zeiten:
– Es ist hundert Meter lang, bewegt sich langsam vorwärts und ernährt sich von Kartoffeln. Was ist das?
– Eine Schlange vor einer Metzgerei.

„Wir haben keinen Pfeffer."
„Natürlich. Wir exportieren ihn nach Australien."
„Für welche Gegenleistung?"
„Wir kaufen Känguruhs!"
„Wozu Känguruhs?"
„Wir müssen von ihnen lernen, mit leeren Taschen herumzuhüpfen."

Als die Versorgungslage in der Tschechoslowakei schon katastrophal aussah, rief Präsident Novotný den zuständigen Minister zu sich.
„Sag mal, Genosse Minister, wie steht es mit dem Mehl?"
„Es gibt gewisse Schwierigkeiten, aber die heutigen Vorräte reichen für fünf Jahre."
„Ausgezeichnet!" rief Novotný aus. „Und wie sieht es beim Fett aus?"
„Da steht es etwas schlechter, aber auch da haben wir genug für mindestens drei Jahre."
„Das ist eine aufmunternde Nachricht, Genosse Minister, und wie ist es beim Zucker?"
„Die Zuckervorräte sollten für zwei Jahre ausreichen."
„Das freut mich aber wirklich. Man trägt mir nämlich ständig Schreckensnachrichten zu, daß wir ernsthafte Versorgungsschwierigkeiten hätte. Und jetzt darf ich feststellen, daß es noch für einige Jahre reicht. Sag, du hast aber auch die Slowaken mit einberechnet, nicht nur die Tschechen?"
„Irrtum, Genosse Präsident. Nur uns beide."

Ein slowakischer Bauer kam nach Prag. Auf dem Wenzelsplatz hält er einen Passanten an:
„Bitte sehr, wo befindet sich das Kaufhaus ‚Prinzip'?"
„So etwas gibt es in Prag nicht."
„Wieso? Ich hab' mit eigenen Ohren gehört, wie der Herr Präsident Husák im Fernsehen sagte, daß die Preise im Prinzip nicht erhöht worden seien."

„Es geschehen noch Zeichen und Wunder", sagte Herr Vopršálek, „in unserer Stadt wurde das Zu-Fuß-Gehen nicht teurer."

Es trafen sich zwei Prager Motorradfahrer.
„Hast du gehört? Vom Ersten an wird der Benzinpreis wieder erhöht."
„Mir macht das nichts aus, ich tanke sowieso immer nur für zwanzig Kronen."

Ein Hase rennt durchs Feld und ruft außer sich:
„Es lebe die KPTsch!"
„Bist du verrückt geworden?" fragen ihn die anderen Hasen.
„Habt ihr denn nicht gehört? In der Tschechoslowakei wurden die Preise für Schrotkugeln erhöht!"

„Habt ihr denn, Genosse Husák, alles angehoben? Das Benzin, den Strom, die Miete, die Telefongebühr, die Kinderbekleidung, die Möbel, die Autos, wirklich alles?" fragten die entsetzten Journalisten das Staatsoberhaupt, als er sie zu einer Pressekonferenz in die Prager Burg einlud.
„Nein, nicht alles, Genossen", beruhigte sie Husák, „etwas haben wir auch herabgesenkt."
„Gott sei Dank. Und zwar?"
„Die Autogeschwindigkeit. Von 130 auf 80 km."

Ein Bewohner von Taganrog stand fünf Stunden Schlange, um Seife zu kaufen, bevor man ihm mitteilte, daß es keine mehr gäbe und er in zwei Monaten wiederkommen solle.
„Das macht ja nichts", brummte er auf dem Heimweg in seinen Bart, „ich hab' ja sowieso kein Wasser. Was hätte ich auch mit einer elenden Seife ohne Wasser angefangen?"

Aufschrift im Schaufenster einer Kiewer Bäckerei:
– Der Mensch lebt nicht vom Brot allein.

In Leningrad betritt ein Mann eine Milchhandlung:
„Ich hätte gern ein Kilo Rindfleisch."
„Hier haben wir keine Milch. Kein Fleisch gibt's gegenüber."

– Warum gewinnt die Sowjetunion so viel Gold bei den Olympischen Spielen?
– Um den kanadischen Weizen damit bezahlen zu können.

Täglich besuchen 50tausend Kunden das Moskauer Kaufhaus GUM.
– Und wie viele Verkäufer sind dort beschäftigt?

– Zwei. Einer steht unten an der Rolltreppe und teilt jedem mit: „Das haben wir nicht."
Der zweite steht am oberen Ende und sagt:
„Und wir werden das auch nicht haben."

Iwan Iwanowitsch Pljuschkin schleppt einen riesigen Koffer die Gorkistraße hinauf. Josif Nikoforowitsch Petrow hält ihn an:
„Was schleppst du denn da?"
„Toilettenpapier."
„So viel?"
„Es lohnt sich nicht, kleinere Mengen zum Reinigen zu geben."

Chruschtschow besuchte eine kleine Kolchose und unterhielt sich mit den Bauern.
„Wie geht es euch?" fragte er.
„Danke, Nikita Sergejewitsch, sehr gut!" riefen sie alle durcheinander.
„Das hör' ich aber gerne. Aber tut ihr auch etwas für eure Bildung? Lest ihr zum Beispiel die Zeitung?"
„Gewiß, Nikita Sergejewitsch", rief ein Kolchosearbeiter besonnen. „Wie wüßten wir denn sonst, daß es uns gutgeht?"

„Herzliche Gratulation, Iwan, soeben habe ich erfahren, daß es dir ausgezeichnet geht, daß du zweihundert Rubel verdienst, eine Dreizimmer-Wohnung besitzt und den Sommer mit der ganzen Familie auf der Krim verbracht hast!"
„Hast du den Verstand verloren? Ich verdiene hundert Rubel, wir wohnen zu 4 Familien in einer Dreizimmer-Wohnung, und während des Urlaubs habe ich das lecke Dach repariert, durch das es immer regnete."
„Na ja, wenn du die Parteipresse nicht lesen willst!"

„Kann man einen Elefanten in Zeitungspapier einwickeln?"
„Ja, wenn darin eine Rede Breschnews publiziert ist."

In Moskau betritt ein Bürger einen Tabakladen.
„Ich hätte gerne das ‚Parteileben'."

„Das ‚Parteileben‘ haben wir nicht“, antwortet die Verkäuferin. Der Kunde geht, aber nach fünf Minuten ist er wieder im Laden.
„Ich hätte gerne das ‚Parteileben‘.“
„Ich habe Ihnen doch bereits gesagt, daß wir das nicht haben.“
Der Bürger geht weg, um nach einigen Minuten wieder zurückzukommen.
„Wievielmal muß ich Ihnen denn noch sagen, daß wir kein ‚Parteileben‘ mehr haben?!!“ schreit die Verkäuferin aufgebracht.
„So oft wie möglich“, antwortet der Kunde mit einem seligen Lächeln. „Wissen Sie, wie gut es tut zu hören, daß das Parteileben nicht existiert?“

Prawda heißt Wahrheit.
Izwestija heißt Nachrichten.
Aber in der Prawda sind keine Wahrheiten und in der Izwestija keine Nachrichten.

In einer sowjetischen Schule will der Lehrer von den Schülern Beispiele für „Wahrscheinlichkeit“. Der aufgerufene Schüler antwortet:
„Serjoscha nahm die Izwestija und ging in den Wald.“
„Und was hat das mit ‚Wahrscheinlichkeit‘ zu tun?“ wundert sich der Lehrer. „Das will ich Ihnen erklären, Genosse Lehrer. Da Serjoscha nicht lesen kann, ist es wahrscheinlich, daß er scheißen ging.“

An der Moskauer Fakultät für Journalismus fragt der Professor einen Studenten:
„Wie würden Sie den Kartoffelanbau in der Sowjetunion am kürzesten und prägnantesten beschreiben?“
„Ich würde schreiben“, antwortete einer der Publizistikstudenten, „daß der Berg, den wir durch Aufeinanderschichten all unserer Kartoffeln bauen könnten, bis in den Himmel reichen würde.“
„Ganz schlecht, Genosse. Diese Formulierung ist voll von Obskurantismus und religiöser Mystik. Sie wissen doch ganz genau, daß es keinen Himmel gibt!“
„Na und? Gibt es denn bei uns Kartoffeln?“

„Es wird behauptet, daß bei uns in der Tschechoslowakei alle Zeitungen dasselbe schreiben. Das ist überhaupt nicht wahr."
„Wie kommst du denn darauf?"
„Schau, im Rudé Pravó steht geschrieben, daß man heute im Nationaltheater die ‚Verkaufte Braut' spielt, und in der Mladá Fronta, die ‚Traviata'."

Ein Dresdner kauft sich das „Neue Deutschland", das Organ der SED, am Kiosk. Beim Zahlen bemerkt er, daß ihm der Verkäufer zehn Pfennig mehr verrechnet als der aufgedruckte Betrag. Aufgebracht reklamiert er:
„Wieso das? Auf der Titelseite steht ein anderer Preis."
Der Verkäufer schlägt die Hände zusammen:
„Na, wenn Sie allem glauben wollen, was in den Zeitungen steht . . ."

„Wozu lernst du all diese Buchstaben, was quälst du dich da rum?" fragte ein tschechischer Opa seinen Enkel. „Wenn du erst groß bist, mußt du sowieso lernen, zwischen den Zeilen zu lesen."

„Weshalb kostet das Rudé Právo 50 Heller und die Moskauer Prawda nur 30 Kopeken?"
„Weil man im Rudé Právo auch noch für die Übersetzung aus dem Russischen zahlen muß."

Der tschechoslowakische Rundfunk strahlt drei Arten von Informationen aus: wahre, wahrscheinliche und unwahrscheinliche.
In die erste Kategorie gehört die genaue Zeitangabe.
In die zweite – die Wettervorhersage.
In die dritte – alles übrige.

„Ich habe mir einen günstigen Farbfernseher tschechoslowakischer Herkunft erstanden. Er hat nur 1500 Kronen gekostet."
„Unglaublich billig! Wie ist das nur möglich?"
„Das Bild ist schwarz-weiß, aber der Ton ist rot."

Es gab Zeiten, da der Radiosender Freies Europa angeblich so gut über die geheimsten Pläne des Husák-Regimes informiert war, daß der Präsident sich denken mußte, der Informator sitze unter ihnen im Parteipräsidium. Deshalb verkündete er in der nächsten Sitzung:
„Solange die Versammlung dauert, verläßt keiner von uns den Saal. Jemand trägt von hier Informationen hinaus."
So geschah es denn auch. Als die Sitzung aber schon zwei Stunden dauerte, erhob Sekretär Bilak die Hand:
„Ich muß mich auf einen Sprung entschuldigen, nur zur Toilette, Genosse Husák."
„Kommt überhaupt nicht in Frage."
Nach einer weiteren Stunde bittet Bilak wieder ums Wort:
„Lassen Sie mich endlich gehen, ich halt's nicht mehr aus!"
„Ich hab' nein gesagt!" erwidert Husák hartherzig.
Nach einer halben Stunde:
„In der Tat, ich flehe Sie an, nur ein Minütchen, ich kann es sonst nicht mehr zurückhalten."
„Nein, nein und nochmals nein, wie immer das auch enden mag!"
Es vergeht eine Viertelstunde, da klopft jemand an die Tür.
„Wer ist da?" fragt Husák.
„Frau Bilak!" ertönt eine weibliche Stimme.
„Und was wünschen Sie?"
„Ich bringe frische Unterhosen für meinen Mann. Freies Europa hat soeben gemeldet, er hätte es nötig, sie zu wechseln."

„Freundschaft, Genosse Vomáčka! Gibt es was Neues?"
„Ich weiß nicht, gestern abend wurde stark gestört."

An einem Parteischulungskurs in Wolgograd erläutert der Schulungsleiter anschaulich den unaufhaltsamen Aufschwung des Sozialismus auf der ganzen Welt: „Genossen und Genossinnen! Der Sozialismus beherrscht jetzt bereits ein Fünftel des Erdballs. Im nächsten Jahr wird es ein Sechstel sein, dann ein Siebtel und ein Achtel, stets mehr und mehr, da sich der Fortschritt nicht aufhalten läßt."

„Genossen und Genossinnen!“ verkündete ein Funktionär flammenden Tones in einer Parteisitzung. „Nach diesem Fünfjahresplan wird jeder Sowjetbürger sein eigenes Fahrrad haben. Nach dem folgenden ein Motorrad, und schließlich wird jeder einen Helikopter besitzen.“
„Wozu werden wir einen Helikopter brauchen?“ fragte ein Parteimitglied verwundert.
„Das werde ich Ihnen gleich erklären“, meinte der Funktionär. „Wenn es zum Beispiel bei uns in Moskau keine Streichhölzer mehr gibt und du erfährst, daß es in Leningrad welche hat, fliegst du flugs nach Leningrad und stellst dich als erster in die Schlange!“

Vor einem Bratislaver Gericht steht eine Frau, die sich scheiden lassen will. Und zwar aus einem nicht ganz alltäglichen Grund: Sie war schon zum drittenmal verheiratet und immer noch Jungfrau.
„Wie ist denn das nur möglich?“ staunt der Richter.
„Mein erster Mann war impotent.“
„Da ist der Fall klar.“
„Beim zweiten stellte sich heraus, daß er homosexuell war.“
„Pech. Und der dritte?“
„Der ist ein hoher Parteifunktionär und hat stets nur versprochen, versprochen und nochmals versprochen.“

Der Typ des Agitators:
„Kaufen Sie sich einen ausreichenden Vorrat an Briefmarken! Es ist eine Posttaxenerhöhung zu erwarten.“

Auch Radio Eriwan beteiligt sich an der politischen Schulung.
„Was ist Dissidententum?“
„Der relativ friedliche Übergang vom Sozialismus zum Kapitalismus.“
„Welcher Unterschied besteht zwischen einem sowjetischen Zirkus und dem Versorgungsministerium?“
„Im Zirkus spielen weise Leute Tölpel, während im Versorgungsministerium Tölpel weise tun.“

„Welcher Unterschied besteht zwischen der sowjetischen Presse und dem sowjetischen Rundfunk?"
„In die Zeitung kann man einen Hering einpacken."

„Ist es wahr, daß es in der Sowjetunion immer mehr Stereoanlagen gibt?"
„Gewiß. Ist Ihnen denn nicht aufgefallen, daß man stets von allen Seiten dasselbe hört?"

„Ich habe große Sorgen. Das Lernen fällt mir schwer, und so habe ich miserable Noten in der Schule. Was raten Sie mir?"
„Sich das nicht zu Herzen nehmen. In unserem Land ist es immer besser, eher wenig als zuviel zu wissen."

In den Vorkriegsjahren, als zu den Propagandasprüchen auch das schon erwähnte geflügelte Wort gehörte: den kapitalistischen Westen ein- und überholen, bemerkte jemand in Moskau:
„Einholen schon, aber überholen würde ich nicht empfehlen."
„Wieso?"
„Weil sie dann sehen würden, daß wir nackte Ärsche haben."

Ein politischer Funktionär eines jungen afrikanischen Staates beschwert sich in der UNO bei Gromyko:
„Statt Propagandabücher und -broschüren, mit denen ihr uns füttert, solltet ihr uns lieber etwas schicken, um die Ernährung der Bevölkerung zu verbessern."
Gromyko schrieb die Bemerkung des Vertreters in sein Notizbuch. Die folgende Lieferung bestand aus einer Kiste voll Kochbüchern.

Die Sowjetunion ist wie ein Auto. So hat sie denn eines Tages eine Panne. Da Breschnew sie nicht reparieren kann, ruft er seinen besten Konstrukteur, Karl Marx. Marx untersucht den Motor, schaut sich die Bestandteile an, schmiert die Räder, aber der Wagen läßt sich nicht anbringen.
Dann ist Lenin an der Reihe. Er öffnet die Motorhaube, nimmt den Motor auseinander, untersucht die Zündung und die Kupplung, aber das Auto rührt sich nicht. Stalin genügt ein flüchtiger

Blick auf das Vehikel. Dann läßt er den Chauffeur hinrichten. Aber auch das hilft nichts.
In größter Verzweiflung wendet sich Breschnew an einen Spezialisten der Firma General Motors. Der schaut sich den Motor an und bemerkt dann:
„Diesen Wagen kann man nicht mehr anfahren. Sämtliche Energie, welche die Batterie produziert, wird von der Hupe verbraucht."

Breschnew kam zu Ohren, daß Kohn, Grün und Schwarz in Budapest eifrig bestialische Witze über ihn erfinden und verbreiten. Er lädt so den Genossen Kohn aus Budapest direkt in den Kreml vor. Als dieser sich zur vereinbarten Stunde einfindet, ist Breschnew gerade nicht in seinem Arbeitszimmer. Endlich erscheint Breschnew und entschuldigt sich für die Wartezeit.
„Das macht nichts", verzeiht Kohn ihm großzügig, „ich hab' mich inzwischen ein wenig umgesehen. Genosse Breschnew, Sie haben aber schöne Bilder, herrliche Teppiche, Tapisserien, Möbel – einfach phantastisch!"
„Ja, Genosse Kohn, hier ist es tatsächlich schön. Und siehst du, genau das wollen wir erreichen, daß jeder Arbeiter eine solche Wohnung hat."
„Entschuldigen Sie, Genosse Breschnew, haben Sie mich herzitiert, damit ich Ihnen Witze erzähle, oder Sie mir?"

„Worin unterscheidet sich ein sowjetisches von einem westeuropäischen Märchen?"
– Im Westen beginnen sie mit dem Satz: „Es war einmal . . ."
– In der Sowjetunion mit den Worten: „Es wird einmal . . ."

In der Sowjetunion wurde das Wahlsystem modernisiert. Das Wahllokal besteht aus zwei Abteilungen:
Entweder gibt man den Ja-Zettel in der ersten ab, oder man wird in die zweite eingesperrt.

„Weißt du, wann die letzten freien Wahlen stattfanden?"
„Ich erinnere mich nicht."
„Im Paradies. Gott zeigte dem Adam die Eva und sagte zu ihm: ‚Du kannst wählen.'"

Nach den letzten Wahlen in der Tschechoslowakischen Sozialistischen Republik, die – wie gewohnt – mit einem 99%igen Sieg der regierenden und zugleich einzig zugelassenen Partei zu Ende gingen, sagten sich die Leute, wie schon Karl Valentin dreißig Jahre zuvor:
„Interessant ... überall treffe ich nur dieses eine Prozent ..."

Entspricht es der Wahrheit, daß in der Tschechoslowakei der Wahltermin verschoben wurde?
„Ja, die Wahlergebnisse sind verlorengegangen."

In der Tschechoslowakei fanden Wahlen statt. Jedem Wähler wurde ein verschlossener Briefumschlag in die Hand gedrückt. Dann forderte man sie auf, den Umschlag in eine Urne zu werfen, die im Wahlraum stand. Jano Ružička aus Rosenberg wollte auf dem Weg zur Urne den Umschlag öffnen. Ein Mitglied der Wahlkommission schrie ihn aufbrausend an:
„Was machst du da, Genosse?"
„Ich will nur sehen, was darin geschrieben steht."
„Wieso denn? Weißt du denn nicht, daß wir geheime Wahlen haben?"

Der bekannte tschechische Komiker Jan Werich verkündete seinerzeit direkt von der Bühne herunter seine Definition der Kunstrichtungen in der Malerei:
Realismus: Der Maler malt, was er sieht.
Impressionismus: Der Maler malt, was er fühlt.
Sozialistischer Realismus: Der Maler malt, was er hört.

Im Stück „Gab es Iwan Iwanowitsch oder nicht?", einer satirischen Komödie des türkischen Dichters Nazim Hikmet, in dem der Autor – selbst ein Kommunist – kühn mit dem Personenkult

abrechnet, erzählt ein moderner Maler von seinen Erfahrungen mit der Prüfungskommission der sozialistischen Spezialisten:
„Ich male auf jedes Bild in die rechte untere Ecke ein weißes Hündlein."
„Weshalb?"
„Weil dann die Beurteilungskommission fachmännisch bemerkt: ‚Dieses weiße Hündchen ist unserer Meinung nach überflüssig.' Ich bin mit dem Einwand einverstanden, und das Bild ist genehmigt."

In Bratislava fand eine Ausstellung engagierter Bilder mit Aufbauthematik statt. Eines stellte eine rauchende Fabrik dar, ein zweites eine Traktoristin bei der Arbeit, ein drittes einen Kohle fördernden Kumpel, ein viertes Frauen am Webstuhl ... und so weiter. Ein einziges hatte keinen Titel. Es stellte ein nacktes Liebespaar auf einem Sofa dar. Dafür stand daneben eine Anleitung:
„Willst du den Titel dieses Bildes erfahren, so lies an einem beliebigen Tag die Überschrift auf der ersten Seite der Bratislaver Pravda!"
Die Besucher griffen also neugierig nach der Zeitung und lasen:
DURCH ERHÖHTE LEISTUNG ZU BESSEREN ERGEBNISSEN!
FÜR EINE NOCH GRÖSSERE ARBEITSPRODUKTIVITÄT!
WIR DULDEN KEINE PFUSCHER!
DER PLAN FÜR DIESEN MONAT IST BEREITS UM 20% ÜBERSCHRITTEN!

„Wer war der letzte sowjetische Politiker, der nichts von Kultur verstand?"
„Lenin. Wandte man sich mit einer Frage aus dem Gebiet der Kunst an ihn, antwortete er:
‚Darauf verstehe ich mich nicht, fragt Lunatscharski, den Kommissar für Kultur.'"

Ein hoher Funktionär der Ideologischen Abteilung des Zentralkomitees lud einen bekannten Maler zu einem Gespräch unter Genossen ein.
„Sie sind doch für den Realismus, ja oder nein?"

„Gewiß dafür."
„Und weshalb sind Sie dann gegen den sozialistischen Realismus?"

Nach großen Anstrengungen war es gelungen, in Moskau in einer Privatwohnung eine Ausstellung moderner Bilder zu installieren. Plötzlich bemerkte jemand, wie der Maler eines abstrakten Bildes in der Begleitung von zwei sozialistischen Realisten in Zivil den Raum verläßt . . .

Tschechoslowakische bildende Künstler haben ein neues Signet für das COMECON geschaffen:
Auf einem roten Feld melken sich sechs ausgemergelte Kühe gegenseitig.

„Was ist Expressionismus?"
„Die Ausreise sowjetischer Juden nach Israel."

„Liebe" im sozialistischen Realismus:
Sie steht in der linken Ecke des Zimmers, er in der rechten. Hastig zieht er die Jacke und die Weste aus und wirft sie aufs Tischlein. Sie zieht ihr Seidenkleid aus und legt es sorgfältig über die Stuhllehne. Er reißt sich das Hemd vom Leib und wirft es auf den Tisch. Schuhe und Socken fliegen in eine Ecke. Sie setzt sich auf den linken Bettrand. Sie öffnet die Schuhschnallen und lokkert die Strumpfbänder. Er setzt sich auf den rechten Bettrand und entledigt sich der Unterwäsche. Sie legt den rosa Büstenhalter ab und sitzt da, wie Gott sie erschaffen hat. Er schlüpft in einen Pyjama, sie in ein kurzes, durchsichtiges Nachthemdlein. Er steigt von rechts ins Bett und zieht an der Schnur der Nachttischlampe. Auch sie zündet ihr Nachtlicht an. In dem Moment wirft er die Steppdecke von sich. Sie kriecht unter die Decke. Sie liegt im Parkhotel in Prag, er im Hotel Imperial in Budapest. Oder – was haben Sie sich denn sonst vorgestellt?

Offizielle Stellen in Ost-Berlin beschlossen, zum Jahrestag der Oktoberrevolution einen repäsentativen Sammelband mit Beiträgen der besten sowjetischen Schriftsteller herauszugeben, welche die Jahre von der Befreiung vom Zarenjoch bis in die lichte Gegenwart schildern sollten. Sie gelangten also an den Sowjetischen Schriftstellerverband, von dem sie folgende Antwort erhielten:
„Leider können wir Ihnen in dieser Angelegenheit nicht behilflich sein, da wir nicht in der Lage sind, bis zum vorgeschlagenen Termin festzustellen, in welchen Gefängnissen, psychiatrischen Kliniken oder Lagern sich die fraglichen Personen zur Zeit aufhalten."

Die Mieter eines Wohnblocks im Moskauer Sokolniki-Viertel bemerkten, daß Nadeschda Iwanowna tagtäglich etwas auf der Maschine schrieb. Einer der Nachbarn konnte sich nicht mehr zurückhalten, drang ohne zu klopfen in die Wohnung ein und sah, daß sich auf dem Tisch Hunderte von vollgeschriebenen Seiten häuften:
„Um Himmels willen, was schreiben Sie da ständig?"
„Wissen Sie, ich möchte, daß meine Tochter endlich mal ‚Krieg und Frieden' liest."
„Aber das ist doch in jeder Buchhandlung erhältlich."
„Na schon, aber meine Tochter liest nur Samizdat."

Ein Maurer glitt auf seinem Arbeitsweg zum Neubau aus und fiel hin.
„Worauf bist du denn ausgeglitten?" fragte ihn seine Frau zu Hause.
„Stell dir vor, auf einer Schnecke."
„Wie das? Hast du sie denn nicht gesehen?"
„Nein, sie kam von hinten und wollte mich überholen."

„Wie viele Leute arbeiten in Ihrem Betrieb?" fragt ein Gast auf einer Studienreise.
„Zwanzig, das heißt neunzehn, einer sitzt immer auf der Toilette."
„Und wie viele Angestellte sind in diesem Betrieb beschäftigt?" fragt ein weiterer Interessent an einem andern Arbeitsplatz.
„Die Hälfte."

Ein Mann kommt aus dem Amt nach Hause zurück und wirft seiner Frau vor:
„Heute morgen hast du mir einen so starken Kaffee gebraut, daß ich den ganzen Tag kein Auge geschlossen habe."

„Welcher Unterschied besteht zwischen einem Arbeiter in Frankreich und einem Arbeiter in der ČSSR?"
„In Frankreich sucht er stets Arbeit, und in der ČSSR sucht man ihn stets in der Arbeit."

In Bratislava ist ein neues Wohnviertel im Bau. Ein Maurer verzehrt friedlich sein Mittagsbrot im Neubau. Der Polier bemerkt, daß er dabei auf einem Bein steht.
„Bei Gott, Matjo, was ist denn mit dir los?"
„Ach, ich bin in einen Nagel getreten, der mir jetzt im Fuß steckt."
„Und warum versuchst du nicht ihn herauszuziehen?"
„Jetzt, während der Mittagspause?"

Nach langwierigen Beratungen zwischen den Gewerkschaften, der Regierung und der Parteileitung wurde die Arbeitswoche in den tschechoslowakischen Fabriken von 48 auf 44 Stunden herabgesetzt. Und was war die Folge? Nach der Einführung der neuen, verkürzten Arbeitszeit kamen die Arbeiter müde, nervös und mit schwarzen Ringen unter den Augen zur Arbeit. Die Ärzte verfolgten dieses Rätsel zunächst verständnislos und beschlossen dann, an Ort und Stelle die Ursache dieser überraschenden Erscheinung zu erforschen.
„Wie ist es möglich, Genosse, daß Sie jetzt in einer schlechteren Verfassung sind als vorher?" fragte der Gesundheitsreferent einen Arbeiter an der Drehbank.
„Weil ich jetzt weniger ausruhen kann."
„Unfaßbar! Die Arbeitszeit wurde doch von 48 auf 44 Stunden herabgesetzt!"
„Sehen Sie, Genosse, genau diese vier Stunden Schlaf fehlen uns jetzt!"

„Weshalb bauen wir den Sozialismus?“
„Weil arbeiten mühsamer wäre.“

„Was ist im Sozialismus ‚typisch‘?“
„Wenn auf einem Bau neunzehn Maurer faulenzen und einer arbeitet, so ist der eine typisch.“

Eine der sozialistischen Definitionen:
„Ein öffentliches Haus ist eine Betriebsstelle und ein Bordell ein Arbeitssystem.“

Auf der Strecke Žilina-Trnava verkehrte schon einige Wochen ein leeres Lastauto der Bauunternehmen. Als die staatliche Kontrolle dies feststellte, erklärte der Fahrer den Grund:
„In letzter Zeit wurde mir die Kilometernorm dermaßen heraufgesetzt, daß ich es kaum schaffe, die Fahrten zu absolvieren, geschweige denn noch das Material ein- und auszuladen!“

Ein japanischer Experte kam studienhalber in eine tschechische Fabrik. Als er morgens eintrat, sagte er:
„Ping-ling-jo.“
Dann redete er den ganzen Tag kein Wort mehr. Abends beim Weggehen bemerkte er:
„Ping-ling-ho, schin-schan, schia, kabu-ki-na-ga-jong.“
Am nächsten Tag fragte der Betriebsleiter den Dolmetscher, was der japanische Gast denn eigentlich gesagt hätte. Der Dolmetscher übersetzte:
„Als er kam, grüßte er mit ‚Guten Morgen‘, und beim Fortgehen sagte er: ‚Auf Wiedersehen, und entschuldigen Sie bitte, daß ich nicht an Ihrem Generalstreik teilnehme, aber ich bin nicht Mitglied Ihrer Gewerkschaft.‘“

„Wo ist das beste Echo der Welt?“
„Bestimmt in der Slowakei. Ruft man dort: ‚Jungs, an die Arbeit!‘, so hallt es noch zwölf Stunden später wider: ‚Leck mich am Arsch!‘“

Aus der Rede eines Parteisekretärs zu einer Betriebsbelegschaft: „. . . und ihr wißt genau, Genossen, daß wir uns unserer lieben Partei gegenüber verpflichtet haben, diese Arbeit bis zum Sonntag zu beenden, und so werden wir sie tatsächlich bis zum Sonntag fertigstellen, selbst wenn wir noch den ganzen Montag bis Mitternacht dafür arbeiten sollten!“

Fero Tomášek kam nach seinem Tod in die Hölle. Dort fand er zwei Tore vor: eines für die Kapitalisten, das zweite für die Kommunisten. Wohin des Wegs? Schließlich gab ihm jemand den Rat:
„Geh ruhig durchs kommunistische. In beiden Fällen wirst du zwar hart arbeiten müssen, aber im kommunistischen Teil gibt es mal keine Nägel, mal keinen Strom, dann bleibt wieder die Kohlennachfuhr aus, so daß man sich dort trotz allem eher von der Arbeit drücken kann.“

Ein Mann schreitet mit einem schweren Koffer durch die Straße.
„Wohin denn?“ fragt ihn ein Bekannter, der zufällig dazukam.
„Ach, mein Tante ist Aufseherin in einer öffentlichen Toilette, sie hat Inventur, und man stellte irgendein Manko fest . . .“

Ein Beamter beschwerte sich beim Vorsitzenden des Betriebsausschusses: „Genosse, ich glaube, daß ich nicht den Lohn bekomme, der mir zusteht.“
„Das weiß ich wohl“, antwortete der Vorsitzende, „aber soll ich dich denn Hungers sterben lassen?“

Von Radio Eriwan hörten wir:
„Was soll ich tun, wenn mich die Arbeitslust befällt?“
„Sich verleugnen lassen, aufs Sofa niederlegen und warten, bis es vorbeigeht.“

Nach dem Schichtwechsel verläßt ein Arbeiter die Fabrik und schiebt einen Schubkarren mit Sand vor sich her. Die Betriebswache hält ihn an:
„Was hast du in deinem Karren, Genosse?“
„Nichts, bloß ein wenig Sand. Ich baue mir ein Landhäuschen.“

Die Wache ist aber auf der Hut und durchwühlt den ganzen Schubkarren. Es ist aber tatsächlich nur Sand darin.
Am folgenden Tag ist der Schubkarren wiederum voll mit Sand beladen. Und so geht das die ganze Woche. Endlich redet die Wache vertraulich mit dem Arbeiter.
„Schau mal, Jano, wir sind schließlich Genossen, ich werde es niemandem verraten, aber sag mir doch, was du eigentlich klaust."
„Schubkarren."

„Kennen Sie meinen Nachbarn? Er läuft in den Hof hinaus, springt in den Brunnen, dann kriecht er wieder heraus, springt wieder hinein – und das den ganzen Vormittag."
„Hat er den Verstand verloren?"
„Überhaupt nicht. Er ist nämlich Taucher und nimmt Pfuscharbeit nach Hause."

„Mein Herr! Heute habe ich festgestellt, daß Sie einen Tunnel in meinem Keller gegraben und mir den ganzen Winter lang Kohlen gestohlen haben!"
„Interessant, und ich war überzeugt, ein Kohlebergwerk entdeckt zu haben!"

Ein slowakischer Zigeuner mußte sich einer Kontrolle unterziehen.
„Was war dein Vater?"
„Was soll er schon gewesen sein? Ein Kommunist natürlich!"
„Was du nicht sagst! Und dein Großvater?"
„Auch der war ein Kommunist."
„Was willst du uns an der Nase rumführen, Dežo! Zur Zeit deines Großvaters gab es noch gar keine Kommunisten."
„Wieso? Wurde damals nicht gestohlen?"

In einem tschechoslowakischen volkseigenen Betrieb sollte ein neuer Hauptbuchhalter eingestellt werden.
Der erste Bewerber stellt sich dem Direktor vor.
„Wieviel gibt zweimal drei?" fragt der Direktor.
„Sechs natürlich", antwortet der Kandidat verwundert.

„Danke“, erwidert der Direktor streng, „ich kann Sie nicht brauchen.“
Als der nächste an der Reihe ist, stellt er ihm dieselbe Frage:
„Neun!“ antwortet der zweite Bewerber, ohne mit der Wimper zu zucken.
„Richtig. Und wie sind Sie zu dem Resultat gekommen?“
„Sehr einfach. Drei für Sie, drei für mich und drei für die Firma.“
„Sie sind angestellt.“

„Schrecklich! Stell dir vor, diesen Makovič kann man nicht bestechen!“
„Ist er so integer?“
„Nein, er verlangt zuviel.“

Kučera fand am Samstag 50 Kronen mehr Lohn im Umschlag, als ihm zustanden. Er sagte nichts und behielt das Geld. Nur bemerkte der Kassierer den Irrtum und zahlte ihm mit dem nächsten Lohn 50 Kronen weniger aus. Kučera kehrte empört zum Schalter zurück:
„Sie haben mir fünfzig Kronen zu wenig gegeben!“
„Ich weiß. Und weshalb haben Sie sich nicht aufgeregt, als Sie bei der letzten Auszahlung irrtümlicherweise fünfzig Kronen mehr hatten?“
„Das ist so“, sagte Kučera, „einen Fehler kann der Mensch noch verzeihen, aber zwei schon schwieriger.“

Zwei Sekretärinnen eines sozialistischen volkseigenen Betriebs unterhalten sich:
„Was ist dein Chef für ein Mensch?“ fragt die eine.
„Ein prima Kerl! Wir arbeiten etwas, dann lieben wir uns, darauf arbeiten wir wieder ein wenig, dann wird Liebe gemacht, und so geht es den ganzen Tag. Und deiner?“
„Auch meiner ist ein phantastischer Kerl! Nur haben wir diese überflüssige Bürokratie schon längst abgeschafft.“

Die Personalabteilungen von Betrieben und Ämtern sind in der ČSSR ein Safe für Geheimnisse, welche die Angestellten nicht erfahren dürfen. Vor allem, was die persönlichen Charakterisierun-

gen und die politische Zuverlässigkeit der Betroffenen angeht.
In einem Großbetrieb fragt der Chef der Personalabteilung den Sekretär:
„Wo ist denn die Mlynariková?"
„Die hat heute früh geboren."
„Sie ist aber ledig, nicht wahr?"
„Ja, sie wird eine ledige Mutter sein."
„Na, das ist ja unglaublich, man hat ihr gar nichts angesehen."
„Nein, tatsächlich hat keiner etwas bemerkt."
„Lassen Sie ihr fünfhundert Kronen außerordentliche Prämie überweisen!"
„Wofür, bitte?"
„Ich meine, Sie hat es verdient, wenn sie imstande war, etwas neun Monate vor der Personalabteilung zu verbergen."

Zwei Arbeiter eines tschechischen Automobilwerks unterhalten sich:
„Hör mal, was ist eigentlich Kapitalismus?"
„Kapitalismus", erklärt ihm der andere, „das bedeutet, daß die Autos, die wir herstellen, nur von andern gekauft werden können."
„Und Sozialismus?"
„Der Direktor braust neben dir vorbei in einem Mercedes, hält an und sagt:
‚Komm, setz dich, ich nehme dich ein Stück weit mit.'"
„Hast du das schon mal erlebt?"
Der Arbeiter grinst breit:
„Ich nicht, aber meine Schwester."

Der Volkseigene Betrieb Schrottmaterial besaß eine moderne Geschäftsleitung. Von den drei verheirateten Vizedirektoren hatte jeder eine Sekretärin, die gleichzeitig auch deren Geliebte war. An einem Geschäftsabend waren sie selbstverständlich alle anwesend. Sowohl die Gattinnen als auch die Geliebten. Letztere saßen bei diesem Anlaß einmal abseits, bei den Angestellten. Die Frau des dritten Vizechefs fragte:
„Alois, welche ist die Geliebte des Genossen ersten Stellvertreters?"

„Die dort in der Ecke", antwortete der dritte Vizechef.
„Alois, und die des zweiten?"
„Die dort am Buffet, die eben Saft trinkt."
„Und welche ist deine Geliebte, Alois?"
„Jene ganz in Blau, die dort mit dem Genossen Direktor diskutiert."
Die fragliche Gattin schaut sich nochmals alle drei Frauen gründlich an und konstatiert dann mit Genugtuung:
„Alois, unsere ist aber die schönste, nicht wahr?"

In einer verlassenen Gegend der Taiga hält ein Schnellzug an. Nachdem er schon über eine Stunde steht, lehnt sich einer der Reisenden aus dem Fenster:
„Warum stehen wir?"
„Der Lokführer wechselt die Lokomotive aus", wird ihm erklärt.
Nach zwei weiteren Stunden Wartezeit erkundigt er sich wieder.
„Warum stehen wir immer noch?"
„Hab' ich es Ihnen denn nicht schon gesagt? Die Lokomotive wird ausgewechselt."
Als sie sich nach noch einer Stunde immer noch nicht vom Fleck rühren, verliert der Passagier die Geduld.
„Kann man jetzt endlich erfahren, weshalb wir tatsächlich hier stehen?"
„Sind Sie eigentlich taub? Der Lokführer wechselt die Lokomotive aus – er tauscht sie gegen Wodka ein."

Iwan Iwanowitsch bestellt Tag für Tag in einer Moskauer Kneipe zwei Wodkas.
„Einen für mich und einen auf das Wohl meines Freundes Popow", erklärt er. Nach ein paar Wochen bestellt er auf einmal nur noch einen Wodka.
„Ist Ihr Freund Popow etwa gestorben?" fragt ihn der Wirt mitleidig.
„Nein, aber ich bin abstinent geworden."

Ein weißhaariger Greis brach nach stundenlangem Warten in einer Lebensmittelschlange in der Leningrader Kälte zusammen. Alles lief zusammen.

„Öffnet seinen Kragen, knöpft sein Hemd auf!“ rief der eine.
„Gebt ihm ein Glas Wodka!“ rief eine Alte.
„Ruft die Ambulanz!“ schrie ein dritter.
„Gebt ihm ein Glas Wodka!“ wiederholte Mütterchen.
„Massiert seine Schläfen mit kaltem Wasser!“ schlug ein junges Mädchen vor.
„Gebt ihm ein Glas Wodka!“ insistierte die Alte.
Da öffnet der Greis ein Auge und flüsterte kraftlos:
„Wann wollt ihr denn endlich auf diese weise Frau hören?“

In der Moskauer Firma *Mzgizpromdatkom* macht Sergej Leonidowitsch geistreiche Sprüche:
„Trinke ich zwei Gläser Wodka, so fällt mir das Arbeiten schwer. Trinke ich vier, ist es noch schwieriger. Und hab' ich mal sechs in mir, so bin ich total arbeitsunfähig. Da tauge ich nur noch zum Direktor.“

Ein Monolog des Oleg Prisypkin in einer Kneipe von Saratow.
„Trink' ich noch ein Glas oder nicht? Der Kopf sagt nein, die Kehle ja. Was ein antagonistischer Widerspruch ist, wie man uns im Parteischulungskurs beibrachte. Der Kopf sagt nein, die Kehle ja. Der Kopf ist aber klüger als die Kehle, und der Klügere gibt immer nach. So laßt uns also trinken!“

Aus den Fragen und Antworten von Radio Eriwan:
„Was soll ich tun, wenn mich der Wodka am Arbeiten hindert?“
„Hör auf zu arbeiten.“

„Welcher Unterschied besteht zwischen einem Kamel und unserem Meister auf dem Bau?“
„Ein Kamel ist fähig, drei Wochen zu arbeiten, ohne zu trinken, und unser Meister kann drei Wochen trinken, ohne auch nur einen Finger zu rühren.“

In der Landwirtschaftsgenossenschaft eines westslowakischen Dorfes soll der Vorsitzende in den Volksausschuß gewählt wer-

den. Der favorisierte Kandidat geht von zu Hause weg und verabschiedet sich von seiner Frau:
„Auf Wiedersehen, Alte! Entweder kehr' ich als Vorsitzender oder nüchtern heim."

Vor etwa 15 Jahren, als die Handelsbeziehungen zwischen Kuba und der Tschechoslowakei besonders intensiv waren, hielt Fidel Castro eine Rede auf einer Massenkundgebung in Havanna.
„Es leben die hundert Millionen Tschechoslowakinnen und Tschechoslowaken!" rief er aus.
„Genosse Fidel", flüsterte ihm sein Adjutant zu, „fünfzehn, nicht hundert Millionen..."
„Mir kannst du so was nicht weismachen, ich weiß genau, wieviel Rum wir ihnen liefern..."

Ein Angehöriger des slowakischen Volkes, der gerne zu tief ins Glas schaute, wurde zum Botschafter in einem zentralafrikanischen Staat, wo der Brauch der Menschenfresserei noch nicht ganz ausgestorben war, ernannt. Anläßlich der Antrittsaudienz ermahnte der afrikanische Regierungschef seinen Innenminister eindringlich:
„Und nicht, daß ihr ihn mir auffreßt. Er ist der erste slowakische Diplomat in unserem Land."
Nur war der slowakische Diplomat, entgegen allen treuherzigen Beteuerungen, bereits einige Wochen später verschwunden. Der Regierungsvorsitzende rief den Innenminister zu sich:
„Wo ist unser Slowake?" fragte er streng.
„Das weiß ich nicht."
„Und hast du ihn nicht gegessen?"
„Wo denken Sie auch hin!" stammelte der Minister verunsichert.
„So laß mich doch mal deinen Atem riechen!"

Ein slowakischer Holzfäller legte sich nach getaner Arbeit auf einer Lichtung am See nieder und schlief ein. Im Traum fand er eine Flasche mit der Aufschrift *Rum*. Hocherfreut öffnete er sie, aber aus der Flasche qualmte eine Rauchwolke, die sich alsbald in einen schmucken Jüngling verwandelte. Dieser sprach:

„Du hast mich aus meiner zweihundertjährigen Verwünschung erlöst. Sag mir drei Wünsche, sie werden in Erfüllung gehen."
Der Holzfäller überlegte lange und sagte dann:
„Möge dieser See voll von Rum sein."
Und schon war dies geschehen.
„Und der zweite Wunsch?" fragte der Bursche.
„Ich mag es nicht, wenn man Rum mit Wasser mischt. So soll auch in allen Bergbächen, die sich in den See ergießen, lauter Rum fließen."
So geschah es.
„Und der dritte Wunsch? Aber rasch, ich habe es eilig, da ich mich an denen rächen muß, die mich verflucht haben."
Der Waldarbeiter dachte lange nach, kam aber auf keinen guten Einfall. Schließlich winkte er ab:
„Ach, gib mir noch ein Glas Rum und scher dich zum Teufel!"

Die puritanisch auftretenden hohen Funktionäre sind nicht solche Engel, für die sie sich selbst gern ausgeben und wie sie die der kommunistischen Moral gewidmeten Reden charakterisieren.
Nach einer Parteivollversammlung unterhalten sich zwei Funktionäre miteinander.
„Weißt du was, Genosse, komm doch heute abend zu mir, wir feiern eine schwarze Messe."
„Was ist ein schwarze Messe, Genosse?"
„Etwas ganz Phantastisches. Sauferei, Gelage, Orgien."
„Und wie viele werden teilnehmen?"
„Wenn du mit deiner Frau kommst, drei."

Am Grenzfluß Ussuri wurden die Zwischenfälle zwischen der Sowjetunion und China stets häufiger. Plötzlich erschien über den Soldaten, die sich mit entsicherten Waffen beidseits des Flusses entgegenstanden, der Geist von Karl Marx, der die Hände rang und flehentlich bat:
„Proletarier zweier Länder, geht auseinander!"

Die Sowjetunion beschloß, im Interesse der Selbstverteidigung China anzugreifen. Am ersten Tag drang die Rote Armee hundert

Kilometer ins Landesinnere ein, und eine Million Chinesen ergaben sich.
Am folgenden Tag rückten sie weitere hundert Kilometer vor, und zwei Millionen Chinesen gerieten dabei in Gefangenschaft.
Am dritten Tag waren sie wieder hundert Kilometer weiter und hatten vier Millionen Gefangene.
Am vierten Tag rief Hua Breschnew an:
„Also, Genosse Breschnew, werden Sie sich jetzt ergeben?"

Und weil die ČSSR der erste Verbündete der UdSSR ist, bot sie sogleich freiwillig ihre Hilfe an. Ein slowakischer Hirte aus der Detva, einer Gegend, die für ihre Raufbolde berüchtigt ist, drohte:
„So laßt uns doch auf diese Chinesen los!"
„Jano, es sind aber achthundert Millionen!"
Der Detvaner stutzt:
„O Gott, und wo werden wir die alle begraben?"

Als die chinesische Regierung feststellte, daß sich der Fremdenverkehr auf einem katastrophal niedrigen Niveau hielt, erfand man einen Reklametext, den man in die ganze Welt verschickte:
„Wenn ihr nicht zu uns kommt, kommen wir zu euch!"

Als Mao Tse-tung schon sehr alt war und sogar den geliebten Morgensport, den Jang zusammen mit dreitausend Polizisten zu überschwimmen, aufgeben mußte, schickte er Breschnew ein Telegramm:
„Ungeachtet der Meinungsverschiedenheiten möchte ich gerne in Moskau neben Lenin begraben werden."
Breschnew antwortete ihm:
„Dem steht nichts im Wege. Kommen Sie unverzüglich."

Der Vortrag eines Redners, der aus Peking in eine entfernte Provinz geschickt worden war, wollte und wollte nicht enden. Die Arbeiter der Volkskommune hockten halbtot vor Müdigkeit vor ihm, und die Augen fielen ihnen langsam zu. Endlich bemerkte auch der Redner, daß er das Maß überschritten hatte, und er entschuldigte sich damit, daß er seine Uhr zu Hause vergessen hätte.

„Macht nichts, Genosse", rief ihm eine Arbeiterin aus der dritten Reihe zu, „hinter dir an der Wand hängt ein Kalender!"

„Du hast drei Wünsche", sagte der Gin, den ein slowakischer Dissident aus der Flasche goß.
„Ich möchte, daß wir dreimal von China besetzt werden."
„Weshalb dreimal?"
„Weil sie dann sechsmal die Sowjetunion durchqueren müssen."

Breschnew und Hua Kuo-feng verhandelten über die chinesisch-russische Aussöhnung. China stellte mehrere Bedingungen:
Moskau verpflichtet sich, jedem Chinesen und jeder Chinesin ein Kleid zu geben.
Breschnew dachte nach und sagte dann:
„Geht in Ordnung."
Zweite Bedingung: Jede chinesische Familie bekommt ein Fernsehgerät.
Breschnew konsultiert seine Berater und stimmt dann zu:
„Sie wird erfüllt."
Dritte Bedingung: Jede chinesische Familie bekommt ein Auto geschenkt.
Nach fiebrigen Verhandlungen geht Breschnew auch auf diese Forderung ein.
Und schließlich die letzte chinesische Bedingung:
„Jede chinesische Familie erhält eine Schale Reis."
Breschnew reagiert augenblicklich:
„Diesen Punkt können wir nicht akzeptieren."
„Und weshalb? Sie sind doch auf viel kostspieligere Forderungen eingegangen. Wieso jetzt ausgerechnet das nicht?"
„Weil in unseren osteuropäischen Kolonien kein Reis wächst."

„Wann wird es tatsächlich schlecht sein auf dieser Welt?"
„Wenn die Chinesen ihren Reis mit Löffeln essen werden."

„Was für ein Unterschied besteht zwischen einem Optimisten und einem Pessimisten?"
„Ein Optimist lernt Russisch, ein Pessimist Chinesisch."

Jemand teilt Breschnew in Panik mit:
„Es steht schlecht, Leonid Iljitsch! Auf dem Roten Platz sitzen zwei Ausländer und essen!“
„Na und?“
„Jetzt sind es schon zehn!“
„Was ist da schon dabei?“
„Sie sind zweihundert!“
„Was sind denn zweihundert Menschen?“
„Gut denn, aber sie essen mit Stäbchen!“

Eine Radiomeldung aus dem Jahr 2000:
„An der chinesisch-tschechoslowakischen Grenze hat sich ein kleinerer Zwischenfall ereignet. Die Lage an der chinesisch-finnischen Grenze bleibt unverändert.“

„Welcher Unterschied besteht zwischen dem russischen und dem kubanischen Kommunismus?“
„In Rußland ist es kälter.“

Ein Student der Parteihochschule fragt:
„Weshalb liefern Kanada und die USA der Sowjetunion so viel Weizen?“
Der Lehrer erklärt ihm:
„Es handelt sich hier um eine typische Krisenerscheinung des Kapitalismus. Die Überproduktion ist katastrophal hoch, und würden die Russen ihnen nicht aus der Patsche helfen, wäre dort alles schon längst zusammengekracht.“

In der tschechoslowakischen Armee fand ein Schulungskurs statt.
„Soldat Furták, was wissen Sie über die westlichen Imperialisten?“
„Daß sie unser Land versklaven und ausbeuten wollten.“
„Sehr richtig. Und weiter?“
„Nur ist ihnen die Sowjetunion zum Glück zuvorgekommen.“

Feldstein war Experte im Rahmen des COMECON. Da er bestens mit diesen Problemen vertraut war, ging er zu seinem Freund Löwy, der im Außenhandelsministerium arbeitete.

„Du, Sammy, wenn das so weitergeht, werden wir alle bald betteln müssen!"
„Ich bitte dich, und bei wem denn?" fragte Löwy.

Man fragt einen Zigeuner bei einer Überprüfung:
„Was würdest du tun, wenn man die Grenze nach Westen öffnete?"
„Ich würde weggehen."
„Und wo bleibt da die Vaterlandsliebe? Willst du deinen Gästen nichts mehr vorspielen?"
„Und wem denn, wenn ich bitten darf? Ich werde doch nicht allein hier zurückbleiben."

Herr Kropáček begab sich zum Leiter der Personalabteilung mit der Bitte um eine Empfehlung für eine Frankreichreise.
„Was zum Teufel, Genosse, wollen Sie denn in dieses kapitalistische Frankreich reisen?"
„Um das Leben des französischen Volkes kennenzulernen, seine Kultur, um den Louvre zu besuchen, um . . ."
„Lügen Sie doch nicht!" unterbrach ihn der Personalchef. „Ich weiß doch selbst am besten, was ich tun würde, wenn ich nach Paris reiste!"

Ein Bürger betrat das Bratislaver Paßamt und sagte:
„Ich hätte gern einen Reisepaß für drei Tage in die Vereinigten Staaten."
„Für drei Tage? Lohnt sich denn das? Und wieso ausgerechnet drei?"
„Am ersten Tag fliege ich hin, am zweiten ermorde ich meine Großmutter, und am dritten komme ich zurück!"
„Und was haben Sie denn gegen Ihre amerikanische Großmutter?"
„Ich? Nichts. Aber Sie!"

Ein Autobus des staatlichen Reisebüros Čedok macht mit ausländischen Touristen eine Stadtrundfahrt im Goldenen Prag.
„Diese Leute dort, weshalb stehen sie Schlange?" fragt ein amerikanischer Tourist neugierig.

„Dort werden Eier verkauft“, erklärt der Reiseleiter.
Zwei Straßen weiter fragt der Amerikaner wieder, was diese lange Menschenschlange bedeute.
„Beim Metzger gibt's Kalbfleisch!“
Als der Amerikaner sieht, daß sich an einer dritten Ecke die Menschen um Zitronen drängen, platzt er verständnislos heraus: „Ich verstehe das nicht! Bei uns bestellt man alles telefonisch, und es wird einem ins Haus geliefert. Und hier steht jeder Schlange. Ich verstehe das wirklich nicht!“
„Und dabei ist das alles doch sehr einfach“, machte ihm der Reiseleiter freundlich klar. „Wir sind euch dreißig Jahre voraus. Vor dreißig Jahren sah dies bei uns genauso aus wie heute bei Ihnen ...“

Endlich ermöglichte man auch einigen sowjetischen Wissenschaftlern, in den kapitalistischen Westen zu reisen, selbstverständlich nur für reine Studienzwecke.
„Was hast du dort hauptsächlich studiert?“ wurde Wasilij Protopopow von seinen Kollegen gefragt.
„Die Widersprüche der kapitalistischen Gesellschaft.“
„Und die wären?“
„Ich kann euch nur sagen, daß sie vor allem bei abendlicher Beleuchtung besonders schön sind.“
„Ist es denn wahr, daß der Kapitalismus im Sterben liegt?“
„Ich hab' mit eigenen Augen gesehen, wie er auf dem Totenbett liegt ...“ Dann fügte er hinzu:
„Aber eins kann ich euch sagen, Genossen, ein schöner Tod ...“

Die Firma MOSTORG schickte ihren Genossen Blumkin nach Frankreich. An dem Tag, als er zurückkommen sollte, traf ein Telegramm ein:
„Ich habe mich für ein Leben in einem freien Land entschlossen! Blumkin.“
Der Direktor, der Kaderbeamte und der Parteisekretär des Betriebs setzten sich sofort zu einer Beratung zusammen.
„Das ist euer Fehler!“ schrie der Parteisekretär. „Ihr hättet ihn nicht nach Frankreich schicken sollen. Dafür werdet ihr euch verantworten müssen, Genossen!“

„Und haben nicht Sie seine Empfehlung geschrieben?“ rief der Chef aus. „Jetzt haben wir die Bescherung.“
„Wieso?“ brüllte der Kaderbeamte. „War die ganze Reise etwa nicht Ihr Einfall, Genosse Direktor?“
Da öffnete sich die Tür, und Genosse Blumkin stand lächelnd da: „Genossen! Soeben habe ich festgestellt, was für eine Vorstellung Sie drei von einem freien Land haben.“

„Was ist der Unterschied zwischen einem Kosmopoliten und einem Internationalisten?“
„Ein Kosmopolit beherrscht viele Sprachen und ein Internationalist keine einzige anständig.“

Ein Tscheche kommt zum Psychiater.
„Herr Doktor, Sie müssen mich untersuchen. Ich bin ernsthaft geisteskrank.“
„Woraus schließen Sie das?“
„Ich träume jede Nacht, daß ich illegal die Grenze überschreite.“
„Machen Sie sich nichts draus, da sind Sie nicht der einzige.“
„Na gut, Herr Doktor, es handelt sich aber bei mir um die sowjetische Grenze.“

Herr Petruschka wurde auf die Paßabteilung der Bratislaver Polizei vorgeladen.
„Sie haben um eine Aussiedlungsbewilligung in die USA nachgesucht, um dort Ihrem Bruder, der taub geworden ist, in der Geschäftsleitung helfen zu können. Ist das so?“
„Ja, bitte schön.“
„Ich mache Ihnen einen Vorschlag. Ihr Bruder soll doch das Geschäft verkaufen und in die Tschechoslowakei umsiedeln.“
„Entschuldigen Sie, vermutlich haben Sie mich nicht richtig verstanden“, erklärte Petruschka. „Mein Bruder hat nicht den Verstand, sondern das Gehör verloren.“

Man schrieb das Jahr 1956. In der Wohnung des Matej Chuchvalec in Bratislava läutete das Telefon.
„Ich hätte gerne den Genossen Chuchvalec gesprochen!“

„Hier spricht sein Sohn Miško, was wünschen Sie?"
„Mit dem Vater reden."
„Das ist leider nicht möglich. Der Vater sitzt auf der Toilette und zeichnet irgendwelche Pläne für den Betrieb."
„Dann mit der Mutter."
„Auch unmöglich. Sie schläft in der Badewanne."
„Hm. Gibt es denn keinen Erwachsenen im Zimmer?"
„Ganz im Gegenteil. Zwanzig Nachbarn schauen sich im österreichischen Fernsehen die ungarische Konterrevolution an."

Zwei Emigranten aus der Tschechoslowakei unterhalten sich über ihren Gesundheitszustand.
„Vorige Woche", beklagt sich der eine, „habe ich beim Arzt und beim Apotheker sechzig Dollar liegengelassen."
„Schrecklich", stöhnte der andere. „Für das Geld hättest du zu Hause drei Jahre lang krank sein können."

Zwei Auswanderer aus Bratislava treffen sich in Hamburg.
„Wie gut, daß ich Sie sehe, Sie schulden mir von Bratislava her noch Geld."
„In Kronen oder Mark?"
„Macht das einen Unterschied?"
„Einen riesigen", antwortet der Schuldner. „Handelt es sich um Kronen, so geb' ich Ihnen keinen Heller, sind es Mark, so bekommen Sie keinen Pfennig."

„Wie wäre es möglich, in den Satellitenstaaten Ungarn, Polen und der Tschechoslowakei erfolgreich den Sozialismus aufzubauen?"
„Wenn man diese Aufgabe als Schwarzarbeit in Überstunden den Parteilosen anvertraute."

Ein Prager betritt das Paßamt:
„Ich hätte gern eine Ausreisebewilligung zu den Olympischen Spielen 1980 in die Schweiz."
„Was faseln Sie denn da? Die Olympiade findet 1980 doch in Moskau statt!"
„Im schlimmsten Fall seh' ich halt dann die Spiele nicht..."

„Wer ist der beste Schachspieler der Welt? Kortschnoj oder Karpow?“
„Keiner von beiden.“
„Wer denn?“
„Frau Breschnew, die es fertigbringt, mit einem ukrainischen Bauern die ganze Welt in Schach zu halten.“

„Ist es wahr, daß Breschnew Dubček und seinem Parteipräsidium mit dem Zeigefinger gedroht hat?“
„Ja, nur hatte er den Finger auf dem Abzug.“

„Ist es wahr, daß die sowjetische Armee den Tschechen die Freiheit nehmen will?“
„Die Sowjetarmee will stets nur das Beste.“

Kurz nach dem Einmarsch der Bruderarmeen in die ČSSR stimmte man im Zentralkomitee der KPTsch über den Vorschlag ab, die ČSSR in die UdSSR einzugliedern. Alle waren dagegen. Nur Vasil Biľak stimmte dafür. Am folgenden Tag konnten die Leser der Moskauer Prawda erfahren:
„Der Vorschlag der Eingliederung der ČSSR in die Union der Sowjetischen Sozialistischen Republiken wurde *einstimmig* genehmigt.“

Schon lange Zeit vorher witzelte man über das Unvorstellbare. Anfangs der 60er Jahre fragte ein neugieriger Tschechoslowake einen Experten für Außenpolitik:
„Wieviel Zeit braucht die Sowjetunion, um uns zu besetzen?“
„Mit der Armee vierundzwanzig Stunden. Auf friedlichem Weg drei Monate.“
„Weshalb ausgerechnet drei Monate?“
„Bis jeder Funktionär seine Willkommensrede gehalten hat.“

„Welcher Staat der Welt hat die langsamste Bürokratie?“
„Bestimmt die Sowjetunion. Die Tschechoslowakei rief sie 1938 um Hilfe, und sie kam erst nach dreißig Jahren.“

Ende August 1968 brannten auf dem Prager Wenzelsplatz sowjetische Panzer. Die Leute schauten mit Genugtuung zu, bis plötzlich ein geschäftiger Mann mit einer Kanne auftauchte, der anfing, einen in Flammen stehenden Tank zu begießen. Die aufgebrachte Menge schrie ihn an:
„Lassen Sie das, Onkelchen, er soll ruhig brennen!"
„Was regen Sie sich auf, meine Herren? Ich hab' ja Benzin in dem Kanister!"

Als die Bruderarmee im Rahmen der ewigen Freundschaft den Ersten Sekretär der KPTsch, Alexander Dubček, und mit ihm einen Teil des Parteivorstandes, nach Moskau entführte, fragte Breschnew Dubček, wie viele Feinde seine Heimat derzeit nach seiner Meinung hätte.
„Ungefähr dreihunderttausend", sagte Dubček.
„Na, siehst du, Sascha. Nur so wenige?"
„Ja, aber du hast doch versprochen, diese Einheiten so bald wie möglich wieder abzuziehen."

Kurz nach der militärischen Intervention erzählten sich die Tschechen verschiedene Märchen.
Das kürzeste lautete: Sie sind weggegangen.
Das optimistischste: Sie werden weggehen.
Und das grausamste: Einer nach dem andern.

Die Tschechoslowakei wurde 1968 zum neutralsten Land der Welt. Seit dem Zeitpunkt mischt sie sich nicht einmal mehr in ihre eigenen Angelegenheiten.

Iwan Serafimowitsch Potapenko, Befehlshaber einer Gruppe von Okkupationseinheiten, begab sich in Prag ins Zentralkomitee der Volksausschüsse und ereiferte sich:
„Ihr behauptet, ein Kulturvolk zu sein? Ihr wollt eine Weltstadt sein? Und dabei gibt es hier keine einzige Entlausungsstation. Kommt mal zu uns, und ihr werdet sehen, wie viele wir davon haben!"

Ein sowjetischer Soldat betritt eine Apotheke in Pilsen:
„Geben Sie mir bitte ein Vitaminpräparat für einen Genossen, der sich schwach fühlt."
„Was für ein Vitamin darf es denn sein? A? B? C?"
„Das ist egal, mein Freund ist Analphabet."

In einer Bezirksstadt beschwerte sich der Befehlshaber der dortigen sowjetischen Einheit beim Vorsitzenden des Volksausschusses:
„Ihr seid aber undankbar. Als unsere Truppen die Stadt verließen, kam keine lebende Seele zum Bahnhof. Keine Blumen, keine Küsse – das ist mir eine schöne Freundschaft!"
„Was wundern Sie sich? Stellen Sie sich vor, wir würden in Moskau einmarschieren und eure Politiker nach Prag verschleppen. Wie würdet ihr euch wohl verabschieden?"
Der sowjetische Befehlshaber schaut sich vorsichtig nach allen Seiten um und flüstert dann:
„Wir würden euch mit Blumen geradezu überschütten!"

Über Rosenberg unter der Tatra ertönte eine mächtige Kanonensalve. Der alte Hirte Puťora schreckte auf seiner Alm unter dem Kriváň auf, denn bis dorthin waren die Schüsse zu hören.
„Um Himmels willen, was geht denn da vor sich?"
„Nichts, Väterchen", beruhigte ihn ein Schafhirte, „das bedeutet nur, daß Breschnew in Rosenberg angekommen ist."
Nach einer Weile erzitterte die Luft durch eine weitere Salve.
Der Alte fuhr wieder zusammen:
„Und was soll das schon wieder bedeuten?"
„Ich hab's doch gesagt. Breschnew ist zu uns gekommen."
Bei der dritten Salve spuckt der Hirte verächtlich aus und schüttelt sein Haupt.
„Der Teufel hole diese Pfuscher, haben sie denn immer noch nicht getroffen?"

Ein zum Tode Verurteilter kann in Prag seinen letzten Wunsch äußern:
„Ich möchte sehen, wie der letzte sowjetische Soldat die Tschechoslowakei verläßt!"

„Was soll das bedeuten?“ schreit der Staatsanwalt außer sich. „Sie werden zum Tode verurteilt, nicht zu lebenslanger Haft!“

Zwei Arbeiter zechen in einer Budweiser Kneipe. Der erste meint: „Ich würde wahrlich lieber eine Woche gratis in Moskau arbeiten als eine Stunde für Dollars in Washington!“
„Ausgezeichnet, mein Junge!“ ruft ihm ein sowjetischer Offizier, Angehöriger der Okkupationstruppen, zu. „Du bist ein guter, bewußter Genosse! Ich bin stolz auf dich. Darf ich wissen, was für einen Beruf du ausübst?“ – „Ich bin Totengräber.“

Ende August 1968 weint eine alte Frau herzzerreißend auf einer Straße Prags. Ein kleiner Junge tritt zu ihr und fragt mitleidig:
„Omi, warum weinst du?“
„Weil man uns besetzt hat.“
„Und weshalb rufen wir nicht die Russen zu Hilfe?“

„Warum heißt unsere Heimat nicht mehr ČSR wie früher, sondern ČSSR?“ fragt eine Frau ihren Mann.
„Hast du denn nicht auch anders geheißen, als du noch frei und ledig warst?“

„Ich weiß wirklich nicht, was ihr gegen die Sowjets habt. Sie haben doch versprochen, sich zurückzuziehen und die Armee nur an drei Orten in der ČSSR zu stationieren.“
„Und haben sie ihr Wort nicht gehalten? Sie sind nur in Böhmen, Mähren und der Slowakei geblieben.“

„Ist es wahr, daß sich die Liebe des tschechoslowakischen Volkes zur Sowjetunion stetig vertieft?“
„Ja. Sie hat soeben ihren Tiefpunkt erreicht.“

Ein Russe und ein Slowake fanden einen in den Bergen vergrabenen Goldschatz.
„Laß uns das brüderlich teilen“, sagte der Russe.
„Nein, nicht brüderlich, sondern jedem eine Hälfte“, antwortete der Slowake.

Vor einem Prager Uhrenladen steht eine lange Schlange.
„Wofür steht man hier?“ fragt ein Passant.
„Aus der Sowjetunion sind Uhren angekommen.“
„Das ist gut, da werd' ich auch anstehen, vielleicht ist auch meine dabei!“

Kohn steht an der tschechoslowakischen Grenze und schwenkt verzweifelt eine amerikanische Fahne. Selbstverständlich wird er festgenommen. Beim Verhör fragt ihn ein Grenzpolizist:
„Warum haben Sie gewinkt?“
„Weil ich auf die Amerikaner warte.“
„Jetzt?“
Da mischt sich ein Untersuchungsbeamter der Staatspolizei ins Gespräch, der Kohn anscheinend schon von früher her kennt.
„Sie haben aber Ihre Gesinnung geändert, Herr Kohn. Soweit ich informiert bin, standen Sie 1945 in Prag auf dem Wenzelsplatz und warteten mit einer roten Fahne auf die Ankunft der Russen!“
„Und sind sie etwa nicht gekommen?“

Ein Prager kommt ins Polizeipräsidium und gibt eine Beschwerde zu Protokoll.
„Genosse Inspektor, irgendein Schweizer hat meine russische Uhr gestohlen.“
„Sie wollen doch wohl sagen, daß ein Russe Ihre Schweizer Uhr gestohlen habe ...“
„Pardon, das haben jetzt aber Sie gesagt, Genosse Inspektor ...“

„Ich möchte gerne Bürger Israels werden“, seufzte einst im Restaurant „Zum Kelch“ ein Prager.
„Wieso ausgerechnet Israel?“
„Weil die dort von lauter Feinden und nicht von Brüdern umgeben sind. So daß ihnen niemand zu Hilfe kommen kann.“

Man beschloß, in Prag neben dem für die Metro noch einen weiteren Tunnel zu bauen. Um die Tragfähigkeit des Tunnels, an

dem auch sowjetische Spezialisten mitgearbeitet hatten, auszuprobieren, beschloß man, eine Division sowjetischer Panzersoldaten darüber marschieren zu lassen.
Hält der Tunnel stand, ist es gut.
Hält er nicht stand, um so besser.

Ein General der tschechoslowakischen Armee erzählt seinem Freund:
„Stell dir vor, was mir passiert ist. Da kam ich gestern etwas früher als üblich nach Hause, und was muß ich sehen? Meine Frau liegt im Bett mit unserem sowjetischen Militärberater, dem Oberst Orlow."
„Und was geschah weiter?" fragt der Freund entsetzt.
„Ich hatte Höllenglück, Mensch, der Kerl hat mich nicht bemerkt."

„Warum geht es dem Volk in Polen und Ungarn besser als bei uns?" schimpft ein Prager beim Bier. „Das ist so", erklärt ihm sein Nachbar, „stell dir vor, wir seien im Schwimmbad. Jeder Badende pißt ins Wasser, aber niemand sieht es. Aber versuch mal, aufs Sprungbrett zu steigen und von dort aus zu pissen. Kannst du dir vorstellen, was dann passiert?"

Der Parteisekretär der Stadt Prag, Kapek, hielt am ersten Jahrestag der sowjetischen Bruderhilfe für die Tschechoslowakei eine Festrede in der Stadthalle:
„Genossen! Als wir die Leitung in unsere Hände nahmen, stand das Land am Rande eines Abgrunds. Mit Genugtuung kann ich feststellen, daß wir in der Zwischenzeit einen großen Schritt vorwärtsgegangen sind!"

Die ersten Angehörigen der Sowjetarmee, die der Tschechoslowakei zu Hilfe gekommen war, kehrten in die Moskauer Kasernen zurück. Sie wurden von Kameraden umringt.
„Wie war es dort? Hast du Konterrevolutionäre gesehen?"
„Gewiß hab' ich das. Und wie viele!"
„Und wo ist Iwan Iwanowitsch? Ist der nicht zurückgekehrt?"

„Doch. Aber nach Sibirien."
„Weshalb nach Sibirien?"
„Weil er sie nicht gesehen hat."

Iwan Potapenko kam aus der Tschechoslowakei zum ersten Urlaub nach Charkow. Seine Freunde umringten ihn:
„Was hast du aus dem Westen mitgebracht?"
„Zahnstocher."
„Wieso Zahnstocher?"
„Das wird dort als besondere Delikatesse, als letzter Gang, gegessen."
Die Freunde schauen sich die spitzen Stäbchen an und schütteln den Kopf:
„Ich bitte dich, und wie essen sie das eigentlich?"
„Da bin ich noch nicht draufgekommen. Sie halten sich nämlich dabei die Hand vor den Mund."

Ein tschechischer Tourist kehrte aus Moskau zurück. Er erzählte seinem Freund, daß er in den Auslagen die Preise studiert habe, und daß – entgegen allen Verleumdungen – die Kleiderpreise überraschend niedrig seien. Ein Damenkleid kostet zum Beispiel fünf Rubel, ein Herrenanzug 15 und ein Pelzmantel nur 25 Rubel! Das seien doch ganz phantastische Preise!
„Gewiß", pflichtet der erfahrenere Freund bei, „nur hast du eben nicht bemerkt, daß es sich nicht um ein Konfektionsgeschäft, sondern um eine chemische Reinigung handelte."

„Weshalb ist die Sowjetarmee, zehn Jahre nach ihrem Einmarsch, immer noch in der Tschechoslowakei?"
„Weil sie immer noch den suchen, der sie zu Hilfe gerufen hat."

Der Ortsrundfunk in einem ostslowakischen Dorf meldet:
„Versammlung aller Interessenten für Ministerposten in Prag am Samstag vormittag auf dem Hauptplatz! Abreise mit dem Nachtschnellzug."

Vor einer der Untersuchungskommissionen stand auch Lojza Vyskočil. Man warf ihm unwürdiges Verhalten gegenüber den sowjetischen Befreiern im August 1968 vor.
„Du hast dir verschiedene Abweichungen zuschulden kommen lassen, Genosse Vyskočil. Da du aber aus einer Arbeiterfamilie stammst, und um zu beweisen, wie gut wir es mit dir meinen, geben wir dir eine letzte Chance. Du bleibst in der Partei."
Genosse Vyskočil flüsterte reumütig:
„Was soll ich tun, Genossen, ich akzeptiere die Strafe."

Um Januar 1977 schickte der Schriftsteller Pavel Kohout Gustav Husák die Charta 77 zum Unterschreiben, in der die grundlegenden Menschenrechte, die in der tschechoslowakischen Verfassung verankert sind, aufgeführt werden.
„Weshalb sollte ich das unterschreiben?" fragte er überrascht. „Das hab' ich doch bereits getan!"
„Wo? Wann?"
„Na, in Helsinki, im Sommer 1975."

„Wie hieß Prag im Jahre 1977?"
„Chartago."

Nachdem die Charta 77 von mehr als tausend Bürgern signiert wurde, gab es in der Tschechoslowakei zwei Typen von Einwohnern:
signierende und – resignierende.

„Kann man einen ehrbaren Menschen kaufen?" lautet die Frage.
Und Radio Eriwan antwortet:
„Nein, nur verkaufen."

„Gibt es ein Leben auf der Venus?"
„Auch nicht."

„Kann der Fahrer eines Wolga eine Kurve mit 120 Stundenkilometern nehmen?"
„Ja, aber nur einmal."

„Kann man den Sozialismus in einem Land aufbauen?“
„Ja, aber leben muß man in einem andern.“

„Ist es wahr, daß vor einem Monat auf dem Roten Platz in Moskau fünfhundert Personenwagen gratis abgegeben wurden?“
„Ja, bis auf ein paar Details trifft das zu. Es war nicht vor einem Monat, sondern vor einer Woche, nicht in Moskau auf dem Roten Platz, sondern in Leningrad auf dem Newskij-Prospekt, es handelte sich nicht um fünfhundert Autos, sondern um fünfzig Fahrräder, die wiederum nicht verschenkt, sondern gestohlen wurden.“

„Wie heißt der neueste Typ des Moskwitsch?“
„Fiat Fiatowitsch.“

„Kann man seine Schwiegermutter mit einem Geschirrtuch umbringen?“
„Ja, wenn ein Bügeleisen darin eingewickelt ist.“

„Darf man auf dem Roten Platz bumsen?“
„Ja, es ist aber nicht zu empfehlen. Es gäbe zu viele, die Ratschläge erteilten.“

„Kann man im Laufen eine Frau vergewaltigen?“
„Ja, aber nur sehr schwer. Eine Frau mit hochgezogenem Kleid rennt stets schneller als ein Mann mit heruntergelassenen Hosen.“

„Kann man in einer einzigen Nacht fünfzig Frauen lieben?“
„Ja, es muß aber eine Polarnacht sein.“

„Ist es wahr, daß Tschajkowski homosexuell war?“
„Ja, aber wir verehren ihn nicht nur deswegen.“

„Ich träume jede Nacht in Fremdsprachen. Was soll ich tun?“
„Wir empfehlen, mit einer Dolmetscherin zu schlafen.“

„Was soll ich tun, um schöne, geschmeidige Hände zu haben?“
„Nichts.“

„Wird es im Kommunismus Geld geben?“
„Die Dogmatiker sagen nein, die Revisionisten ja, und wir Marxisten-Leninisten:
bei den einen ja, bei den andern nein.“

„Welcher Unterschied besteht zwischen Krieg und Frieden?“
„Wenn Menschen sich gegenseitig töten, so ist das Krieg. Läßt einer den andern nicht in Ruhe leben, so ist das Frieden.“

„Wir schlafen mit drei Kindern in demselben Zimmer. Ist dadurch die Sittlichkeit gefährdet?“
„Nein, sofern sie tatsächlich schlafen.“

„Darf man bei uns sagen, was man denkt?“
„Sagen schon, aber denken nicht.“

„Darf man bei uns noch mit ‚Gelobt sei Jesus Christus‘ grüßen?“
„Gott bewahre!“

„Meinem Mann gefällt es nicht, daß ich schwarze Wäsche trage. Was soll ich tun?“
„Sie öfters waschen.“

„Ist es wahr, daß die Amerikaner viel mehr Autos haben als wir?“
„Ja. Dafür haben wir mehr Parkplätze.“

„Warum ist der Gruppensex bei uns verboten?“
„Weil sonst niemand mehr zu den Parteiversammlungen ginge.“

„Warum werden ausgerechnet dort Luftschiffe gebaut, wo man nicht einmal eine Fahrradklingel bekommen kann?“
„Und wo kann man denn ein Fahrrad kaufen?“

„Ist es wahr, daß die Schriftsteller im Westen ins Ausland reisen dürfen, um zu arbeiten?“
„Sie dürfen sogar auch zu Hause arbeiten.“

„Es hat uns ein Farmer aus Texas besucht, der mit der Größe seiner Herde prahlte. Angeblich soll es einen ganzen Tag dauern, bis er mit dem Wagen um seine Ranch herumgefahren sei. Gibt es bei uns etwas Ähnliches?“
„Gewiß. Es gibt eine ganze Reihe solcher Autos.“

„Wie kann man zu einem Haufen Geld kommen, ohne zu arbeiten?“
„Zu einem Haufen Geld kommt man nur, wenn man nicht arbeitet.“

„Ich schau’ mir gerne Krimis im Fernsehen an. Sagen Sie mir, wie man im voraus erraten kann, wer der Täter ist.“
„Machen Sie es wie unsere KGB, verdächtigen Sie jeden.“

„Weshalb müssen wir mit Gabel und Messer essen, wo es doch mit dem Löffel so viel einfacher ist?“
„Weil wir uns mit der Gabel besser am Kopf kratzen können und das Messer zur Verteidigung des vollen Tellers brauchen.“

„Unablässig hör’ ich im Radio, daß die Produktion von Butter, Milch, Eiern und Fleisch bei uns steigt. Mein Eisschrank ist aber fortwährend leer. Was tun?“
„Schließen Sie den Stecker des Eisschranks am Radiokontakt an.“

„Könnte man in Armenien einen höheren Grad von Kommunismus erreichen?“
„Ja. Es wäre aber besser, dies in Georgien auszuprobieren.“

„Wäre es nicht einfacher, man würde alle Staatsfeinde einsperren?“
„Gewiß, aber wer würde dann arbeiten?“

„Ist es wahr, daß sich der Kommunismus stets deutlicher am Horizont abzeichnet?“
„Ja, nur ist der Horizont eine imaginäre Linie, die sich in dem Maße von uns entfernt, wie wir uns ihr nähern.“

„Angeblich leben unsere Parteifunktionäre besser als gewisse Kapitalisten. Ist das wahr?"
„Ja. Was aber nur ein weiterer schlagender Beweis für die Unzulänglichkeit des kapitalistischen Regimes ist."

„Darf der Herrgott Parteimitglied sein?"
„Ja, er muß aber zuerst aus der Kirche austreten."

„Trifft es zu, daß wir mit den Kapitalisten Handel treiben?"
„Mit wem denn sonst?"

„In unserem Land haben die Züge mehr und mehr Verspätung. Auf den Bahnhöfen herrscht ein unerträgliches Gedränge, und die Wartenden schimpfen. Was könnte man dagegen tun?"
„Mehr Wartesäle erstellen."

„Was ist das schlimmste am kapitalistischen Wirtschaftssystem?"
„Daß es für unsere sozialistische Planwirtschaft notwendig ist."

„Was für Schritte sollen wir tun, wenn wir feststellen, daß uns Agenten des KGB folgen?"
„So große und so schnelle wie nur möglich."

„Weshalb gibt es im Kommunismus so viele Witze?"
„Weil niemand ihn ernst nimmt."

„Weshalb gibt es bei uns nur eine politische Partei?"
„Genügt Ihnen die eine etwa nicht?"

„In der Schule hat man uns beigebracht, daß Stalin an einem großen sowjetischen Feiertag gestorben ist. Was war das schon wieder für ein Tag?"
„Na, Stalins Todestag."

„Welcher Unterschied besteht zwischen den amerikanischen und den sowjetischen Arbeitern?"
„In Amerika gehören die Fabriken den Direktoren und die Autos

den Arbeitern. In der Sowjetunion gehören die Fabriken den Arbeitern und die Autos den Direktoren."

„Wird es einen Dritten Weltkrieg geben?"
„Nein, lediglich einen solchen Kampf für den Frieden, daß kein Stein auf dem anderen liegen bleiben wird."

„Welches ist das wichtigste Organ der russischen Frau?"
„Die ‚Frau', Zeitschrift des Frauenverbandes, die in Moskau erscheint."

„Wer hat den Tango erfunden?"
„Genosse Lenin. Oder wissen Sie etwa nicht, daß er es war, der geschrieben hat ‚Ein Schritt vorwärts, zwei zurück'?"

„Was kann eine junge Kolchosbäuerin tun, um in der Hochzeitsnacht die Bettwäsche nicht zu beschmutzen?"
„Sich die Füße waschen."

„Kann eine Wanze eine Revolution vollbringen?"
„Im Prinzip ja. In ihren Adern fließt ja das Blut der Arbeiter- und der Bauernklasse."

„Könnte man den Sozialismus auch in Kanada oder den USA aufbauen?"
„Wo denken Sie hin. Woher würden wir dann den Weizen importieren?"

„Wird es im Kommunismus noch Polizei geben?"
„Wozu auch? Bis dahin werden die Sowjetbürger gelernt haben, sich gegenseitig selbst zu verhaften."

„Kann man von Hoffmannstropfen Kinder kriegen?"
„Nur, wenn die Tropfen vom Genossen Hoffmann stammen."

„Kann eine Frau an der Liebe sterben?"
„Nein, meistens lebt sie von ihr."

„Mein Mann ist in der Kolchose viel leistungsfähiger als die andern Männer. Aber zu Hause im Bett taugt er nichts. Was soll ich tun?"
„Versuchen Sie's mit ihm in der Kolchose."

„Können Sie mir präzis sagen, wo eine Frau den Blinddarm hat?"
„Gleich links, wenn man hereinkommt."

„Werde ich es besser haben, wenn ich endlich heirate?"
„Besser nicht, aber häufiger."

„Stört es vollbusige Lesben nicht, daß ihre Brüste zusammenstoßen?"
„Nein, weil meistens ein Paar oben und ein Paar unten liegt."

„Weshalb müssen die Sendungen von Radio Eriwan endgültig eingestellt werden?"
„Weil der 25. Parteikongreß der KPdSU schon alle Fragen beantwortet hat."

Und der einzige, angeblich echt eriwanische:
„Warum sind die Witze von Eriwan so dumm?"
„Weil man sie in Moskau erfindet."

„Was ist der Unterschied zwischen Schweinen im Westen und im Osten?"
„Im Westen werden sie GEGESSEN, im Osten – GENOSSEN."

In Leipzig betrat ein älterer Herr das Postamt und kaufte sich eine Marke mit dem Portrait Ulbrichts. Nach einer Weile kehrte er aber wütend wieder zurück:
„Diese Marke klebt überhaupt nicht!"
„Wie ist das möglich?" wundert sich der Schalterbeamte.
„Da haben Sie sie zurück, versuchen Sie's doch selbst."
Der Beamte nimmt die Marke, kehrt sie um, spuckt darauf und klebt sie auf. Die Marke hält perfekt.
„Ach so", ruft die Kundschaft aus, „ich hatte immer auf die Vorderseite gespuckt!"

„Wer war der größte Feldherr aller Zeiten?"
„Walter Ulbricht. Er hat drei Millionen in die Flucht geschlagen und besitzt siebzehn Millionen Gefangene."

In Weimar wurde ein 90jähriger Greis zu 12 Monaten Gefängnis verurteilt, weil er Ulbricht einen Idioten genannt hatte. Der Angeklagte verteidigte sich:
„Weshalb, bitte? 1912 hab' ich dasselbe von Wilhelm II. und 1936 von Adolf Hitler gesagt, und immer bekam ich nur einen Monat. Und jetzt sollen es plötzlich zwölf sein?"
Der Richter erklärt ihm: „Auch jetzt steht auf Ehrverletzung nur ein Monat. Die restlichen elf bekommen Sie für den Verrat eines Staatsgeheimnisses."

Brigitte Bardot kam zu einem Besuch nach Ostberlin. Walter Ulbricht empfing sie persönlich, und da sie so unwiderstehlich war, stellte er ihr die Frage: „Haben Sie irgendeinen Wunsch?"
„Gewiß", antwortete die Bardot, „reißen Sie die Mauer wieder nieder und öffnen Sie die Grenzen, damit jeder nach seinem freien Entscheid dahin reisen kann, wohin er will."
„Sie Schlaumeierin", lachte Ulbricht, „Sie möchten wohl gerne mit mir allein sein!"

Wie wir wissen, ist Ulbricht inzwischen gestorben. Weniger bekannt ist die Tatsache, daß er auf direktem Weg in den Himmel gelangte. Nur teilte ihm Petrus mit, daß er dort wahrlich nichts zu suchen hätte, er sollte in die Hölle verschwinden. Ulbricht begab sich also in die Hölle. Ein paar Tage später klopft es aber von neuem am Himmelstor. Der Heilige Petrus öffnet und sieht, daß da eine Gruppe von Teufeln mit ihren Koffern steht.
„Was wollt ihr denn hier?"
„Peterlein, laß uns hinein, der Herr habe Erbarmen mit uns, wir sind die ersten politischen Emigranten aus der Hölle."

Ein Arbeiter der DDR geht am Sonntagvormittag an der Spree spazieren, als er plötzlich Hilferufe vernimmt. Er sieht, daß ein Mann am Ertrinken ist. Ohne zu zögern wirft er Jacke und Hosen

von sich, zieht die Schuhe aus, stürzt sich in den Fluß und rettet den Ertrinkenden. Einmal am Ufer angekommen, muß er feststellen, daß es sich um Honecker persönlich handelt.
„Du hast mir das Leben gerettet“, sagt der Erste Sekretär mit Tränen in den Augen. „Du kannst dir wünschen, was immer du willst.“
Der Arbeiter versinkt in tiefes Nachdenken. Schließlich meint er: „Geben Sir mir Ihr Ehrenwort, daß Sie niemandem verraten, daß ich Ihnen das Leben gerettet habe.“

Als Honecker eines Morgens aufwachte, lächelte ihm die aufgehende Sonne durchs Fenster hindurch zu und grüßte voll Ehrfurcht: „Guten Morgen, Genosse Honecker!“ Am Mittag guckte sie wieder in sein Arbeitszimmer und sagte: „Guten Tag, Genosse Honecker!“
Auch am Nachmittag erschien die Sonne hinter dem Fenster. Da rief sie aber aus: „Du kannst mich am Arsch lecken, Genosse Honecker, ich bin bereits im Westen!“

Willi Stoph, der Regierungsvorsitzende der DDR (lies Deutsche Dogmatische Republik), suchte eine neue Sekretärin. Es meldete sich die beste Absolventin eines Stenographiekurses:
„Ich schreibe siebzig Wörter pro Minute.“
Stoph schlug verzweifelt die Hände zusammen: „Und wo soll ich denn in einer Minute siebzig Wörter hernehmen?“

Ein wütender Kunde kehrt in ein Kaufhaus der DDR zurück, um sich zu beschweren.
„Was haben Sie mir denn da für eine Ware verkauft? Beim Hemd ist ein Ärmel länger als der andere, die Schuhe haben schon einen Absatz verloren, und die Hosen sind ganz fleckig!“
„Was regen Sie sich da auf, Genosse?“ versucht ihn der Verkäufer zu beruhigen. „Wenn alles in Ordnung wäre, so würden doch diese Artikel längst exportiert!“

Genosse Mayer will in einem HO-Laden Schuhe für seinen achtjährigen Sohn kaufen.

„Wir haben im Moment keine Kindergrößen am Lager“, teilt die Verkäuferin mit.
„Na gut, dann eben für mich, Größe 43.“
„Diese Nummer bekommen wir leider erst in einem Monat wieder.“
„In diesem Fall ein 38 für meine Frau.“
„Ich bedaure, vom 38 haben wir vor einer halben Stunde das letzte Paar verkauft.“
Genosse Mayer wendet sich an sein Söhnchen:
„Da kann man nichts machen, Horst, wir werden den Westen barfuß überholen müssen!“

Als in Ost-Berlin das erste Warenhaus mit Selbstbedienung eröffnet wurde, schrieb die ostdeutsche Presse begeistert:
„Ein Riesenerfolg unserer Planwirtschaft! Kein Warten auf Verkäuferinnen, kein Schlangestehen mehr! Stets schnelle Übersicht über die vorhandene Ware!“
Einer der Kunden bemerkte:
„Die Selbstbedienung hat noch einen weiteren Vorteil. Jeder Kunde kann sich selbst sagen: Das haben wir nicht!“

Zwei Einwohner der DDR unterhalten sich.
„Hast du schon gehört?“
„Nein. Was denn?“
„Daß am 28. Februar in der DDR alle Intershops geschlossen werden?“
„Was du nicht sagst!“
„Und am 1. März alle Delikatessengeschäfte.“
„Wie schrecklich!“
„Am 2. März wird in der ganzen DDR das Licht ausgehen.“
„Und wie wird das alles enden?“
„Am dritten wird Honecker Breschnew die Schlüssel übergeben.“

„Welches Land hat den höchsten Berg der Welt?“
„Die DDR. Dort geht es seit dreißig Jahren aufwärts, und der Gipfel ist noch immer nicht erklommen.“

„Wer hat den längsten Weg zur Toilette?“
„Honecker. Er muß mit jedem Scheißdreck gleich nach Moskau rennen.“

„Könntest du mir bitte erklären, wie der gesunde sozialistische Warenumlauf funktioniert?“ fragt jemand seinen Freund in Dresden.
„Gerne will ich das tun, gib mal acht: Die Sowjetunion liefert der Deutschen Demokratischen Republik Lehm. Daraus werden in der DDR Ziegel gebrannt, mit denen Fabriken errichtet werden. In den Fabriken werden Maschinen hergestellt, welche die DDR dem Westen verkauft, um dafür Stahl zu erwerben. Den Stahl gibt sie der Sowjetunion, die dafür uns wieder Lehm liefert.“

Carter, Breschnew und Honecker trafen sich. Carter sagte: „Unsere Arbeiter verdienen tausend Dollar im Monat. Fünfhundert geben sie aus, und fünfhundert legen sie aufs Sparbuch.“
Breschnew sprach: „Unsere Arbeiter verdienen hundert Rubel monatlich. Achtzig geben sie aus, und zwanzig legen sie auf die Seite.“
Honecker bemerkte: „Unsere Arbeiter verdienen achthundert Mark und geben 1200 aus. Aber ich werde schon noch dahinterkommen!“

Ein Genossenschaftsneubau in Dresden. Bei Müllers im 12. Stock sind folgende Zettel an der Tür befestigt:
Bin bei einer Parteisitzung. Vater.
Bin im Frauenausschuß. Mutter.
Bin auf der Abenduniversität. Fritz.
Bin bei der Versammlung des Jugendverbandes. Dagmar.
Und darunter mit ungelenker Schrift:
Bin auf dem Weg ins Ausland. Der Dieb.

„Weshalb dauern die Wahlen in der DDR zwei Tage?“
„Damit jeder frei entscheiden kann, ob er am Freitag oder am Samstag wählen will.“

In der SED fand ein Schulungskurs statt. Einer von vielen. Diesmal zum Thema:
„Dürfen wir in der DDR immer offen und frei sagen, was wir denken?"
Nur meldet sich niemand zur Diskussion. Der Parteisekretär wird ungehalten:
„Genossen, so geht das nicht, wenn Sie alle schweigen. Sie müssen doch antworten. Ich werde Ihnen auch gleich erklären, wie: Selbstverständlich dürfen wir in der DDR immer offen sagen, was wir denken. Allerdings dürfen wir nie etwas denken, das wir nicht offen und frei verkünden könnten."

Peterchen ist Schüler einer sozialistischen Schule in Leipzig. Während der Unterrichtsstunde in Staatskunde schreibt er eine Übungsaufgabe:
„Früher ging es uns gut. Im Sozialismus geht es uns noch besser. Ich bin aber der Meinung, daß es am besten wäre, wenn es uns wieder gutginge."

Auf einem Schulungskurs der SED erklärte der Vortragende:
„Der Sozialismus hat alles Progressive von den früheren Gesellschaftsformen übernommen. Von der Urgesellschaft ‚die moderne Technik' und vom Feudalismus ‚viele kleine Fürsten'."
„Und vom Kapitalismus?" fragt ein Student.
„Die Unauflösbarkeit der Widersprüche."

Eine chinesische Delegation kam nach Ostberlin. Ulbricht hieß sie begeistert willkommen, und beim Bankett pries er China als Musterbeispiel des sozialistischen Aufbaus. Der Delegationsleiter war nicht wenig verwundert:
„Und weshalb ist China für euch ein Vorbild?"
„Weil ihr die große Mauer gebaut habt!"

„Ist die Berliner Mauer, zum Schutze des Sozialismus erstellt, im Grunde nicht überflüssig?"
„Bestimmt. Denn auch ohne Mauer würde sich kaum jemand entschließen, nach Ostberlin zu flüchten."

„Welcher Kanal, der die DDR und die BRD verbindet, hat die höchste Frequenz?“
„Der Fernsehkanal.“

„Welcher Unterschied besteht zwischen dem Sozialismus in der DDR und in der Bundesrepublik?“
„In der DDR haben sie den Marx, in der Bundesrepublik – das Kapital.“

Als Einstein noch an der Relativitätstheorie arbeitete, fragte ihn ein Freund nach seinen Erkenntnissen:
„Ich weiß noch nicht, was daraus werden wird“, sagte Einstein, „aber eines weiß ich. Gelingt es mir, so werden die Deutschen sagen, daß ich Deutscher sei, und die Franzosen, daß ich der ganzen Welt gehöre. Habe ich aber keinen Erfolg, so werden die Franzosen sagen, ich sei Deutscher, und die Deutschen, ich sei ein Jude.“

„Das, was wir den Juden angetan haben, nehmen wir ihnen nicht mehr übel“, sagt Rudolf Rolfs auf dem Podium des Frankfurter Kabaretts „Die Schmiere“.

Ein General einer deutschen Division, der bei Stalingrad gefangengenommen worden war, kehrte in seine Heimat zurück. Als ersten traf er dort seinen ehemaligen Stabsmajor an, den er auch gleich nach Hitlers Potentaten fragte.
„Was ist mit Admiral Dönitz geschehen?“
„Der sitzt im Gefängnis Spandau als Kriegsverbrecher.“
„Und was macht General Speidel, der frühere Chef von Rommels Stab?“
„Der sitzt in Paris.“
„Im Gefängnis?“
„Ach woher, in der NATO!“
„Ich verstehe. Und General Mayer, der sogenannte Panzermayer?“
„Der saß in Kanada.“
„In der NATO?“

„Nein, im Gefängnis."
„Ich verstehe. Und was ist mit unserem ehemaligen Generalstabschef, dem General Heusinger?"
„Der wiederum sitzt in Bonn."
„Ich verstehe. Im Gefängnis."
„Wo denkst du hin. Im Verteidigungsministerium."

Zwei westdeutsche katholische Politiker unterhalten sich über Martin Luther. Der eine ist sehr tolerant.
„Ich bin zwar katholisch, muß aber trotzdem einiges von dem akzeptieren, was Luther verkündet hat."
Der zweite bemerkt warnend:
„Paß auf, Kamerad, vergiß nicht, daß Luther aus der Ostzone ist!"

Ein sowjetischer Journalist kehrte von einer Studienreise nach Westdeutschland zurück. An einer Pressekonferenz in Leningrad referiert er über seine Eindrücke.
„Ich mußte feststellen, daß die Menschen in der Bundesrepublik sehr schlecht leben."
„Können Sie das an einem konkreten Beispiel erläutern?"
„Selbstverständlich. So sind zum Beispiel alle Läden mit Waren überfüllt, die Metzgereien mit Fleisch, die Bäckereien mit Brot, die Schuhläden mit Schuhen, und nirgends stehen Schlangen. Das ist doch der beste Beweis, daß die Leute dort überhaupt kein Geld haben."

Es geschah einst, daß Präsident Novotný sich während des Urlaubs an der tschechoslowakischen Grenze verirrte und sich unverhofft auf deutschem Boden befand. Die Grenzwache der Bundesrepublik nahm ihn gefangen und überführte ihn Adenauer.
„Sie müssen verstehen, daß ich Sie nicht mehr in die Tschechoslowakei zurücklassen kann", teilte ihm der Kanzler mit. „Wählen Sie irgendeinen Beruf aus, und wir werden Ihnen eine Verdienstmöglichkeit verschaffen."
„Ich habe aber gar keine Qualifikation!" jammerte Novotný. „Das einzige, worauf ich mich verstehe, ist die Arbeit im Parteiapparat."
„Leider ist die Kommunistische Partei bei uns verboten", erklärte

ihm der Kanzler, fügte aber hinzu: „Wissen Sie was, wenn Sie die Partei so leiten, wie bei Ihnen zu Hause, dann könnten wir sie vielleicht sogar wieder bewilligen."

„Was glauben Sie, Herr General, wie viele Atombomben zur Vernichtung der Schweiz nötig sind?"
„Schwer zu sagen", meint der amerikanische General. „Da es sich um ein kleines Land handelt, dürften so vier bis fünf genügen. Aber dies ist wirklich nur eine Schätzung."
„Und für Frankreich?"
„Je größer das Gebiet, desto unsicherer die Schätzung. Wahrscheinlich würden einige Dutzend ausreichen, vielleicht fünfzig, vielleicht hundert . . . das kann man nicht so genau wissen."
„Und wie viele Bomben braucht es", fragt der Neugierige den General unermüdlich, „um Rußland zu liquidieren?"
„Eintausenddreihundertzweiundachtzig", erwiderte er ohne Nachdenken.

Im Pentagon tagte die Kommission für die Herstellung von Wasserstoffbomben. Der bekannte amerikanische Wissenschaftler Wernher von Braun machte die Anwesenden mit den Ergebnissen der Nuklearforschung bekannt.
„Meine Herren, gerne gebe ich Ihnen die freudige Nachricht bekannt, daß unsere Produktion von Atomwaffen eine Rekordhöhe erreicht hat. Wir haben zwölfmal mehr Wasserstoffbomben auf Lager, als zur Vernichtung der gesamten Sowjetunion notwendig sind!"
Ein anderer Wissenschaftler ergriff das Wort.
„Gentlemen! Unsere Freude ist um so größer, als wir festgestellt haben, daß die Sowjetunion mit Sicherheit nur dreimal soviel Wasserstoffbomben besitzt, als zur Liquidierung der Vereinigten Staaten von Amerika nötig sind!"

Alle amerikanischen Radiostationen unterbrachen ihre regulären Sendungen. Eine erregte Stimme gab bekannt:
„Wir rufen die Bewohner des ganzen Landes! Wir teilen Ihnen mit, daß die amerikanische Regierung heute um vierzehn Uhr der

Sowjetunion auf dem Land, dem Meer und in der Luft einen Atomkrieg erkläääääää . . .“

Ein ausländischer Diplomat fragte seinen sowjetischen Kollegen in Moskau, wie sich das erste Land des Sozialismus die friedliche Koexistenz auf der Welt vorstelle.
„Ich werde das mit einem Beispiel illustrieren“, sagte der Russe. Und er führte ihn in den zoologischen Garten. Sie blieben vor einem Käfig stehen, in dem sich ein Bär und ein Schaf befanden. „So sieht das aus.“
„Das ist wirklich ein schönes Beispiel von Koexistenz“, antwortete der Gast.
Da trat aber der Wärter zu ihnen: „Nur etwas teuer.“
„Weshalb?“
„Weil wir dreimal täglich das Schaf auswechseln müssen.“

Ein russischer und ein amerikanischer Kosmonaut landeten gleichzeitig auf dem Mond. Der Russe begann sogleich den Boden mit roter Farbe zu übermalen, bis der Amerikaner verzweifelt nach Hause telefonierte, was er tun solle.
„Weiter Proben sammeln“, lautete die Antwort.
Als dies aber schon einige Tage andauerte und der Russe schon eine ganze Riesenfläche rot angemalt hatte, fragte der Amerikaner wieder um Rat.
„Jetzt nimm die weiße Farbe und schreib auf den roten Hintergrund: COCA COLA.“

Die ersten Anzeichen einer Koexistenz reichen in die Zeit kurz nach dem Ende des Zweiten Weltkriegs zurück. Irgendwo an der Elbe trafen ein amerikanischer und ein sowjetischer Soldat zusammen, wobei letzterem das Benzin ausgegangen war.
„Fahr zur nächsten Tankstelle und kauf dir welches“, sagte ihm der Amerikaner.
„Ohne Gesuch? Ohne Erlaubnis? Ohne Bescheinigung? Ohne Schlangestehen?“
„Gewiß. Du fährst zur Tankstelle, füllst wieder auf und bezahlst.“
„Das ist mir ein schönes Chaos!“

In der Moskauer Metro prahlt ein Russe vor einem Amerikaner: „Durch diese Station fährt jede Minute ein Zug in Richtung Ost – West und jede halbe Minute einer in Richtung Nord – Süd."
Es vergehen jedoch drei Minuten, und ganz per Zufall fährt nichts. Der Amerikaner bemerkt dies voll Schadenfreude, worauf der Moskauer nervös antwortet:
„Na gut, aber wir lynchen keine Schwarzen!"

Die Lage war ernst, und Breschnew rief das Politbüro zusammen. „Genossen", sagte er, „seit die Amerikaner die Neutronenbombe entwickelt haben, beginnen sie, wieder das militärische Übergewicht zu haben. Uns ist es dafür gelungen, die kleinste Atombombe der Welt zu entwickeln. Ich mache folgenden Vorschlag: Wir schicken zwanzig unserer besten Agenten in die USA, jeder wird eine solche Minibombe im Gepäck haben, die dann auf die zwanzig wichtigsten strategischen Punkte Amerikas verteilt werden."
„Das ist leider ausgeschlossen", bemerkte der Technokrat Kossygin.
„Was soll da ausgeschlossen sein?"
„Wo sollen wir denn zwanzig Koffer hernehmen?"

Einst im Sommer ging Adam im Paradies spazieren, und wie er so meditierte, hatte er eine Erleuchtung. Er rief aus:
„Ich bin der erste Mensch . . ."
Da ertönte es aus dem Gebüsch: „Njet!"

Ein Mitglied einer sowjetischen Delegation, die sich geschäftshalber in Paris aufhielt, setzte sich in einem günstigen Augenblick von seiner „Gruppe" ab und verschwand umgehend im ersten besten Bordell. Als er in Begleitung einer Dame für Lustmomente deren Boudoir betrat, rief diese aus: „Das nie und nimmer!"
So erging es auch dem dritten und dem vierten Delegierten, die aus der Reihe tanzen wollten. Diejenigen, die neugierig draußen warteten, fragten:
„Was wolltet ihr denn eigentlich, daß man euch abwies?"
„Mit Rubeln bezahlen."

Der sowjetische Landwirtschaftsexperte kam zu einer Konferenz irgendwo im Westen. Man fragte ihn dort, wie es um den Kartoffelanbau stünde.
„Wir verzeichnen phantastische Erfolge. Bei uns werden die Kartoffeln schon drei Wochen, nachdem sie gesetzt wurden, gegessen."
„Das glauben wir nicht", wandten die westlichen Delegierten ein.
„Dann wissen Sie nicht, was Hunger ist!"

„Wer hat eigentlich Aldo Moro entführt?"
„Der sowjetische Oberst Alexej Pantelejew. Er hätte ursprünglich Mussolini entführen sollen, bekam aber erst jetzt die Ausreisebewilligung."

Am Ufer des Nil schlafen ein Krokodil und seine Frau. Plötzlich springt es auf und beginnt zu schreien:
„Freiheit für Angela Davis!" Und nach einer Weile: „Nieder mit den amerikanischen Kapitalisten!" Dann: „Wer nicht mit uns geht, ist gegen uns!"
Da erwacht das Weibchen und bemerkt vorwurfsvoll:
„Ich hab' dir doch immer gesagt, du solltest auf nüchternen Magen keinen Kommunisten fressen!"

Ein amerikanischer Soldat traf einen sowjetischen. Er spielt sich auf:
„Ich habe zu Hause eine schöne Wohnung, einen Garten, ein Auto . . ."
Der Russe läßt sich nicht beeindrucken: „Auch ich habe eine schöne Wohnung, einen Garten, ein Auto . . ."
„Wo wohnst du denn?"
„In Rosenberg. In der Tschechoslowakei."

Was ist ein Horror?
Bei den Franzosen: Von fünf Prostituierten hat eine die Syphilis.
Bei den Italienern: Von zehn Tassen Espresso ist eine vergiftet.
Bei den Russen: Von fünf Hingerichteten ist einer schuldig.

Was sagt eine Frau, wenn sie von ihrem Mann in der peinlichen Situation mit einem Liebhaber im Bett erwischt wird?
Die Französin: Chéri, ich hab' die ganze Zeit nur an dich gedacht...
Die Engländerin: Darling, ein guterzogener Mann klopft an, bevor er eintritt.
Die Rumänin: Liebster, schlag ihn nicht, um Himmels willen, er ist Parteimitglied!
Die Slowakin: Jetzt siehst du wenigstens einmal, wie uns diese Tschechenschweine unterdrücken!
Die Russin: Das ist wieder mal typisch du! Da schleichst du dich in die Wohnung, während unten Kartoffeln angeboten werden!

Ein Engländer, ein Amerikaner und ein Russe machten einmal ein Wettspiel, wer den größten Blödsinn erzählen könne.
Der erste war der Engländer: „Ich hab' von einem Gentleman aus Dover gelesen, der den Ozean in einer gewöhnlichen Badewanne überquerte."
Der Amerikaner erzählte: „Irgendein Gentleman aus New York sprang mit geöffnetem Regenschirm aus dem 80. Stock des Empire State Building und landete ganz unversehrt."
Die Reihe war am Russen: „Ich kannte einen Gentleman aus Moskau..."
„Sie haben gewonnen", unterbrach ihn der Engländer.

Herr Borovička sitzt in einer Prager Kneipe und überlegt: „Wie man's auch anschaut, in diesem Kapitalismus war's eben doch besser. Als ich vor fünfundzwanzig Jahren der Moldau entlang spazierte, drehten sich alle Mädchen nach mir um. Heute haben wir den Sozialismus, und sie pfeifen auf mich!"

Ein amerikanischer, ein französischer und ein tschechischer Motorradfahrer trafen sich im Himmel. Und wie das nun mal so ist, erzählten sie sich, wie sie dahin gelangt waren.
Zunächst der Amerikaner: „Ich raste mit hundertsiebzig auf der Autobahn daher, verlor die Kontrolle, und schon war's geschehen."
Dann der Franzose: „Ich fuhr mit hundertzwanzig, sah mich aber

nach einem feschen Mädel um und rammte einen Mast."
Und schließlich der Tscheche: „Ich kaufte mir einen Škoda und bin dann Hungers gestorben."

Chruschtschow besuchte auch Indien. Bei einem abendlichen Festmahl bot er Nehru ein Glas Wodka an.
„Danke, aber meine Religion erlaubt es mir nicht, alkoholische Getränke zu mir zu nehmen."
„Du bekommst dafür eine Zuckerfabrik", versuchte Chruschtschow ihn zu verlocken, „wenigstens ein Gläschen auf das Wohl meines Volkes!"
Aber Nehru blieb standhaft.
„Zwei Zuckerfabriken!"
„Ich bedaure, aber die religiösen Vorschriften verbieten es mir wirklich!"
„Drei Fabriken!" hofierte Chruschtschow. „Im Interesse des Volkes."
Schließlich ließ sich Nehru überreden, da es ja um das Wohl seines verelendeten Volkes ging. Und so trank er denn. Chruschtschow lachte herzlich.
„Was lachst du, wenn ich mich im Interesse meines Volkes gegen die heiligen Gesetze versündige?" meinte Nehru vorwurfsvoll.
„Gott bewahre, ich lache doch nicht darüber. Es ist mir nur gerade in den Sinn gekommen, was für ein Gesicht Novotný machen wird, wenn er erfährt, daß die Tschechoslowakei dir jetzt drei Zuckerfabriken liefern muß!"

Kennedy reiste durch die Sowjetunion und war erstaunt, so viele Betrunkene zu sehen. Er äußerte sich in diesem Sinne auch gegenüber Chruschtschow, der nur leer schluckte und keine Antwort gab. Aber beim nächsten Amerikabesuch konnte er nicht umhin zu sagen:
„Herr Präsident, ich bin durch die Straßen Washingtons gegangen und habe eine Unmenge von Trunkenbolden angetroffen."
„Das glaube ich nicht", sagte Kennedy und machte folgenden Vorschlag: „Ich gebe Ihnen einen Revolver, der mit drei Kugeln geladen ist. Gehen Sie auf die Straße, und die ersten drei Betrun-

kenen können Sie auf meine Verantwortung erschießen."
Am folgenden Tag war in den amerikanischen Zeitungen zu lesen: „Kleiner fetter Glatzkopf erschoß in Washington auf offener Straße drei Angehörige der Sowjetbotschaft."

Im Rahmen der Entspannungspolitik begann endlich die Annäherung zwischen der Sowjetunion und Amerika. Zunächst wurden Ballettcorps auf Tourneen geschickt, dann umarmten sich Kosmonauten im Weltall, und schließlich sagte Nixon:
„Könnten wir nicht auch militärische Experten austauschen?"
„Weshalb auch nicht", antwortete Breschnew bedächtig, „wir schicken euch General Grigorenko und ihr uns General Motors."

Ein Amerikaner, ein Franzose und ein Russe sitzen in einem Militärflugzeug.
„Wer seine Heimat liebt, der springt hinaus!" lautet der Befehl.
„Ich kann nicht, ich hab' zu Hause Frau und Kinder", sagt der Amerikaner.
„Ich auch nicht", meint der Franzose, „auch ich hab' eine Frau und zwei Kinder . . ."
Nur der Russe springt hinaus, ohne ein Wort zu verlieren. Er fällt in ein Moor und bleibt so unversehrt. Als er sein Abenteuer zu Hause zum besten gibt, fragt ihn jeder:
„Weshalb bist du abgesprungen?"
„Ich mußte, ich hab' schließlich zu Hause eine Frau und zwei Kinder."

Breschnew landete auf dem Pariser Flughafen. Giscard zeigt ihm die Einrichtungen.
„Wir beschäftigen hier fünftausend Angestellte, die 40 Stunden in der Woche arbeiten."
„Auch wir haben ungefähr fünftausend, aber bei uns arbeiten sie, entsprechend der großen Bedeutung des Flugplatzes, 52 Stunden wöchentlich."
„Das geht bei uns leider nicht", erklärt ihm Giscard, „wissen Sie, es gibt viele Kommunisten darunter."

Der südafrikanische Regierungspräsident Voster demonstrierte Bekannten einen neuen Computertyp, mit dem man die Zukunft voraussagen könne. Um dessen Qualität zu illustrieren, stellte er dem Computer die Frage:
„Welche Farbe wird die südafrikanische Regierung in zehn Jahren haben?"
Nach einer kurzen Pause antwortete die Maschine: „Weiß."
„Ausgezeichnet", verkündete einer der Minister voll Bewunderung, „jetzt wollen wir ihm eine konkretere Frage stellen: Wieviel wird die Butter in zehn Jahren kosten?"
Der Computer summte und gab dann zur Antwort: zehn Rubel das Kilo!"

Breschnew besucht Carter, der ihm sein Weekendhaus vorführt.
„Es gehört mir, aber der Staat hat es für mich gebaut."
„Und wieviel mußten Sie dafür bezahlen?" interessiert sich Breschnew.
„Tausend Dollar."
„Wie ist das denn möglich?"
Carter öffnet das Fenster und zeigt in die Weite:
„Sehen Sie jene Brücke dort?"
„Ja."
„Sie hätte 50 Millionen Dollar kosten sollen, es wurden aber beim Bau fünf Millionen eingespart. Damit wurde meine Villa finanziert."
Ein Jahr später stattet Carter Breschnew eine Visite ab, der ihm sein Luxuslandhaus in der Nähe von Moskau zeigt.
„Es gehört mir. Der Staat hat es mir erstellt, und ich habe dafür tausend Rubel bezahlt."
„Wie ist das möglich?" wundert sich Carter.
Breschnew öffnet das Fenster: „Sehen Sie jene Brücke?"
„Nein, ich sehe keine."
„Na,sehen Sie."

Carter reiste nach Moskau. Auf dem Flughafen Wnukowo fand eine offizielle Begrüßung statt. Zunächst verlas Breschnew eine vom Politbüro genehmigte Rede. Dann trat Carter zum Mikrofon

und antwortete improvisiert. Einer der Zaungäste, die Spalier stehen mußten, bemerkte geringschätzig:
„Schau, wie ungebildet der ist. Nicht mal lesen kann er!"

Anläßlich des Carterbesuchs lud Breschnew den Präsidenten zum Fischfang ein.
Aber zu ihrem großen Ärger bissen nur kleine Fische an, die großen schwammen davon. Breschnew war wütend und rief den Zuständigen zu sich.
„Schaffen Sie sofort Abhilfe!" schrie er ihn an.
„Sie können sich darauf verlassen. Leonid Iljitsch, wir werden das schon erledigen."
Der Angehörige des KGB warf die Angel ins Wasser, aber auch er fing nur einen kleinen Fisch. Er packte ihn und schrie aufgebracht:
„Wo halten sich die großen versteckt? Rede!!! Denn wir haben genug Mittel, um dir das Reden beizubringen! Wo sind die großen Fische? So rede doch!"

Kleines Politlexikon

Ausgearbeitet auf streng wissenschaftlichen Grundlagen aus Ost und West. Gültig, mit kleinen Abweichungen, auf beiden Seiten der geteilten Welt

Absolutes Pech – 40 Tage im Weltall herumzufliegen und in Baikonur zu landen

Agitator – selbstloser Enthusiast, der gute Ratschläge erteilt und stets bereit ist, das Leben anderer für das Vaterland zu opfern

Aktiv – Versammlung von Angestellten, wobei die meisten passiv sind

Amtslohn – zu viel für den Hungertod, zu wenig zum Leben

Antisemit – haßt die Juden mehr als sich gehört

Antistaatlicher Witz – Der Feind denkt ihn aus, und das Parteimitglied verbreitet ihn

Arbeit – Tätigkeit, mittels derer einer Besitz für einen andern anhäuft

Arbeitsmoral – von den andern erwarten, daß sie ihre Arbeit hundertprozentig erledigen
Arbeitssamstag – Diebstahl eines freien Tages, der uns vorher geschenkt wurde
Aufschriften an Eingängen zu sozialistischen Unternehmen:

Restaurant	–	Mittagspause
Öffentliche Toilette	–	Inventur
Freudenhaus	–	Warenannahme
Winterstadion	–	Infolge großer Kälte geschlossen
Städtische Badeanstalt	–	Sommerferien
Gefängnis	–	Betriebsferien
Kiosk	–	Keine Zigaretten

Best – Gütemarke in der Reklame für Waren, Politik, Menschen. Besser ist nur noch: gut
Bischof – Innerlichkeitsminister
Bolschewik – wer bei der Erwähnung der Sowjetunion nicht dreimal ausspuckt
Brutalisierung – Abwägen von Roheiten nach Bruttogewicht
Charakter – Fähigkeit, sich selbst im Wege zu stehen
Degradierung – Anteil des Niedergangs an der Vermenschlichung eines hohen Funktionärs
Dilemma – hat ein Menschenfresser das Recht, im Namen desjenigen zu sprechen, den er aufgefressen hat?
Diskussion – Möglichkeit, die andern in ihrem Irrtum zu bestätigen, gleichzeitig riskantes Unterfangen: Es droht die Gefahr, daß man selbst überzeugt wird
Diskussionsbeitrag – sollte das Thema und nicht den Zuhörer erschöpfen
Dogmatismus – Das Leben widerspiegelt immer die Literatur. Falls nicht, um so schlimmer für das Leben
Dummkopf – Idiot, der keine Karriere gemacht hat
Einmütigkeit – wenn alle recht haben, lügt einer
Empfang – offizielles Treffen, bei dem Leute, die sich nicht leiden können, einander zutrinken
Entwicklungshilfe – man nehme das Geld der Armen in einem reichen Land und gebe es den Reichen in einem armen Land

Farbenblinder – kann am kompetentesten über Farben sprechen, da er nicht voreingenommen ist
Fachmann – derjenige, der weiß, weshalb etwas nicht funktioniert
Fakten – Tatsachen, die dazu da sind, verdreht zu werden
Faulheit – die gute Gelegenheit, sich vor der Arbeit etwas auszuruhen
Faulpelz – nimmt sich nicht die Mühe, sein Nichtstun zu begründen
Fenster – was von einem Neubau herunterfällt, wenn man sich hinauslehnt
Festrede – Fähigkeit, einen Gedanken von einer Minute zu einem zweistündigen Vortrag auszudehnen
Fortschritt – wenn ein Menschenfresser mit Gabel und Messer ißt
Fraktion – Modeschau für Herren-Gesellschaftsanzüge
Freund – Verwandter, den wir uns selbst aussuchen
Frieden – kurzes Intermezzo zwischen zwei Kriegen
Gefängnis – Hochschule für Meinungsaustausch, Vorbereiten größerer Verbrechen
Gesicht – der Körperteil, für den wir von einem bestimmten Alter an selbst verantwortlich sind
Gesundheitslehre – durch Sport zur Dauerinvalidität!
Gorki – Klassiker, auf den man sich im sozialistischen Lager stets berufen kann
Gratulation – höflichste Form des Neids
Großmaul – hat keine eigene Meinung, vertritt sie aber leidenschaftlich
Heiliger – toter Sünder mit redigiertem Lebenslauf
Hobby – Arbeit, die wir als Ausbeutung bezeichnen würden, wenn wir nicht unsere eigenen Arbeitgeber wären
Hochverrat – wenn jemand die richtigen Dinge zur falschen Zeit tut
Humor im Fernsehen – die einzige Ware, die in den letzten Jahren nicht teurer wurde – ganz im Gegenteil
Infarkt – Krankheit, die wir im Zeitalter der wissenschaftlichen und technischen Revolution entweder schon hatten oder noch bekommen werden
Katze – Tiger nach Selbstkritik
Kindermärchen – Konferenz über die Abrüstung von Nuklearwaffen

Klassiker – hat keine Möglichkeit, Sie darauf aufmerksam zu machen, daß er seine Meinung, auf die Sie sich jetzt berufen, schon längst geändert hat

Korrekte Beziehungen – mildeste Form von internationaler Spannung

Konservatorium – Schönheitssalon für Politiker

Korruption – der Vorsteher des Wohnungsamts teilt sich selbst gegen Bestechungsgeld eine Wohnung zu

Krieg – beginnt auf beiden Seiten mit einem defensiven Gegenschlag

Kritik – die Kunst, einem Autor nachzuweisen, daß er etwas nicht so macht, wie ich es tun würde, wenn ich es könnte

Lebenslauf – Dokument, das wir stets mit einer Kopie anfertigen, um bei der nächsten Gelegenheit nicht etwas anderes zu schreiben

Lebensniveau – man holt so lange Wasser per Krug, bis man beginnt, Bier zu holen

Märchen – Gesamtheit der Ausreden einer Fabrik im sozialistischen Sektor, die den Plan nicht erfüllt

Marxismus – in den sozialistischen Ländern: stets der momentan gültige ideologische Kurs der Machthaber

Maschinenpistole – Flugkarte nach Tripolis

Meinungsaustausch – mit seiner eigenen Meinung nach Moskau reisen und mit der Breschnews zurückkommen

Nationale – Hymne der Chauvinisten

Neutralität – sich nicht einmal in die eigenen Dinge einmischen

Opportunismus – eine eigene Meinung haben und nicht mit ihr einverstanden sein

Optimist – verkündete, daß wir in der besten aller möglichen Welten leben – der Pessimist befürchtet, daß dem tatsächlich so sei

Paralyse – die einzige Sache, die wir nicht schätzen, wenn sie progressiv ist

Pessimist – Optimist mit Lebenserfahrung

Philantrop – gibt seinen Nächsten öffentlich einen Teil dessen zurück, was er ihnen privat gestohlen hat

Philosemit – Antisemit, der die Juden mag

Photographie – sei dem Spiegel nicht böse, wenn du ein schiefes Maul hast

Phrase – Ersatz für Bildung, Denken, Standpunkt, Ehre, Erkenntnis, Überzeugung und Glauben

Planwirtschaft – eine Serie von nicht eingehaltenen Produktionsterminen und die Verpflichtung, den um ein Drittel reduzierten Plan vorzeitig zu erfüllen

Politiker – sagt voraus, was passieren wird, und erklärt dann, weshalb etwas anderes geschehen ist

Politischer Witz – Berechtigungsschein für einen längeren Erholungsaufenthalt im Gulag

Positive Figur – in der Hölle ist es der Teufel

Positiver Held – ist selbst imstande, alle Fragebogen auszufüllen

Prädestination – die Leute diskutieren frei über ein gegebenes Thema und stimmen dann einstimmig über eine im voraus vorbereitete Resolution ab

Propaganda – sagen Sie mir, was Sie brauchen, und ich erkläre Ihnen, weshalb das nicht erhältlich ist

Protokoll – nachträgliche Notiz dessen, was wir in einer Sitzung gerne vorgebracht oder von andern gehört hätten

Radioaktive Frau – politisch engagierte Rundfunksprecherin

Radiotherapie – Einschläfern von Nervenkranken mittels Rundfunkvorträgen

Realer Sozialismus – Marxismus in der Praxis der Länder, wo die Partei über dem Staat steht und nicht umgekehrt

Romintern – ökumenisches Konzil des katholischen Klerus in Rom

Schematismus – literarische Kunstrichtung mit der Sendung, den Kindern das Lesen abzugewöhnen

Schwarzer Humor – hinter allem müssen wir den Menschen sehen – sprach Hamlet, kehrte sich um und erstach Polonius hinter dem Vorhang

Sicherung des Friedens – Begründung für die Ankurbelung der Rüstung

Sklave – sehnt sich nicht nach Freiheit, sondern möchte gerne Sklavenaufseher werden

Solidarität – der Feind meines Feindes muß noch nicht mein Freund sein

Sowjetische Architektur – die Mauern sind zu dünn zum Schlafen und zu dick zum Horchen

Sozialistischer Wettbewerb – unser Betrieb bemüht sich schon das 15. Jahr erfolgreich, den stolzen Titel einer „Brigade der sozialistischen Arbeit" zu erringen

Steppen – Herumhüpfen in der sibirischen Ebene, damit einem die Beine nicht abfrieren

Streß – im Amt, in der Parteiversammlung, vor den Kollegen und zu Hause stets etwas anderes sagen als denken

Taxameter – Preisschilder in den Schaufenstern während der Inflation

Theorie – Zitatensammlung für alle Eventualitäten

Totalitarismus – wenn man nicht einmal mehr schweigen darf

Tuzex – letzte Lebenszeichen armer tschechoslowakischer Verwandter, die einst in den kapitalistischen Sumpf auswanderten

Tyrann – beherrscht jeden außer sich selbst

Unzuverlässig – jemand, der so lügt, daß selbst das Gegenteil nicht der Wahrheit entspricht

Utopist – glücklicher Mensch, der die Verwirklichung seiner Träume nie erlebt

Volkswille – es reden immer die darüber, die dem Volk befehlen

Vorsichtig – einer, der nicht weiß, wer kommt, und deshalb alle Parolen aushängt, die er während der letzten Jahre gesammelt hat

Wahrheit – etwas, das nicht durch einen Mehrheitsbeschluß bestimmt wird

Witz – an etwas nicht Witziges denken und das Gegenteil erzählen

Zahnarzt – einziger Ort, wo man unter jedem Regime den Mund öffnen kann

Zitat – besser als ein Argument. Man kann damit gewinnen, ohne den Gegner überzeugt zu haben

Zyniker – sieht die Dinge so, wie sie sind, und nicht, wie sie sein sollten